中华经典精粹解读

孟　子

孙通海 编著

中華書局

图书在版编目（CIP）数据

孟子/孙通海编著．—北京：中华书局，2011.10（2024.7重印）
（中华经典精粹解读）
ISBN 978-7-101-08156-5

Ⅰ．孟…　Ⅱ．孙…　Ⅲ．①儒家②孟子-注释③孟子-译文　Ⅳ．B222.5

中国版本图书馆 CIP 数据核字（2011）第 169933 号

书　　名　孟　子
编 著 者　孙通海
丛 书 名　中华经典精粹解读
责任编辑　杨　帆　谷笑鹏
责任印制　陈丽娜
出版发行　中华书局
　　　　　（北京市丰台区太平桥西里 38 号　100073）
　　　　　http：//www.zhbc.com.cn
　　　　　E-mail：zhbc@zhbc.com.cn
印　　刷　天津画中画印刷有限公司
版　　次　2011 年 10 月第 1 版
　　　　　2024 年 7 月第 4 次印刷
规　　格　开本/880×1230 毫米　1/32
　　　　　印张 5　插页 1　字数 100 千字
印　　数　24001-27000
国际书号　ISBN 978-7-101-08156-5
定　　价　39.80 元

出版说明

在快节奏的现代生活中，如何在有限的时间里读到中国传统文化中最经典的著作，怎样才能尽快领略到经典的核心要义，减少在茫茫书海中不得要领的辛苦？“中华经典精粹解读”丛书正是为适应当代读者需求而特别编写的国学经典普及丛书。

丛书“精粹”二字体现在两个方面：一是所选典籍均为中国传统文化中最具代表性的著作；二是所选文段均为经典中的精华部分。

原文后附“扩展阅读”，是参照原文选段，从其他经典著作中选摘出的内容、思想与本段相关的语段，以使读者获得比较阅读的乐趣，视野得以开阔，思路得以拓宽，从而更加全面深入地理解选文。

段末“点评”，是在充分尊重前人思想成果的基础上，从当代人的视角出发，对文段精髓加以讨论解读，以唤起读者更多的思索和体悟。

原文选段及扩展阅读选段之后，辅以侧重语词解释的注释和串讲文意的译文，不作繁琐考证，以助理解；生僻字词均加注汉语拼音，以利诵读。

本套丛书选用中华书局出版的权威版本作为底本，由富有研究成果的专家学者协力遴选篇章、撰写导言及点评，在此对专家学者们“撷取务精、注释务准”的专业精神表示由衷谢意。

藉由此书，我们愿为古典文学爱好者以及有兴趣了解经典的读者奉上可参考的常备读本。希望我们的努力可以为传统经典贴近当代读者、当代读者走近传统经典助力。

中华书局编辑部

2011 年 9 月

导 言

孟子名轲，出生在邹国（今山东邹县）。关于他的生卒年，由于相关资料极其缺乏，至今仍无确切的定论，比较可靠且得到学界公认的说法是，生于公元前 385 年前后，卒于公元前 300 年前后。

孟子的父亲早亡，孟子便自幼和母亲相依为命。孟母善于管教孩子，在《列女传》、《韩诗外传》等书中就记载了不少孟母教子的传说，其中的“孟母三迁”、“杀豚不欺子”、“断织劝学”等故事成为了后世教育子女的典范。从中也可得知，孟子从幼年起就受到了良好的家庭教育，加之居住在学宫附近，耳濡目染，很早就对孔子的思想学说产生了浓厚兴趣。

孟子大约在十五六岁时离开了学宫，到了离邹国不远的鲁国，受业于子思的门人。子思名叫孔伋，是孔子的孙子，是位儒学大师。他的门人授徒讲学，自然属于孔子思想学说的一脉传承，孟子的学术思想基础也就在孔子及子思的影响下形成。孟子对孔子十分崇拜，说孔子是“集大成者”（《孟子·万章下》），“自有生民以来未有孔子也”（《孟子·公孙丑上》）。并以孔子的继承者自居，说“乃所愿，则学孔子也”（《孟子·公孙丑上》）。

孟子学有所成后，便也像孔子一样开始收徒讲学，虽不及孔子当时之盛，但先后也有几百人。孟子把传道解惑，培育人才，看作是人生的大事业。为此，在育人的探讨上，孟子比前人投入了更多的精力，也更富有成果。

孟子大约在四十岁以前，主要活动是聚徒讲学，时而也给邹鲁等小国君王出谋划策。由于邹鲁等小国影响不大，孟子要想把自己的政治主张推行天下，必须走出去，在大国间周旋游说，于是大约在孟子四十四岁时，他带领着弟子开始周游列国。出游时，“后车数十乘，从者数百人”，颇有一定的声势，先后游历了邹、鲁、齐、滕、宋、魏等国。

孟子当时所处的战国时代，正是各诸侯国进行着激烈的兼并战争的时代，大国强国为了取得兼并战争的胜利，力图更加强大；小国弱国为了保住社稷不被吞灭，只得奋发图强。这样，各诸侯国不论是为了争霸或是为了保国，都纷纷实行各自的政治上和经济上的改革。实行富国强兵的措施，就需要相应的人才，相应的策略，在这种形势下，各个学派的杰出人物纷纷登上各诸侯国的政治舞台，企图用自己的思想学说和谋略主张说服君主，统一天下。

孟子作为儒家学说的继承者，是满怀一整套仁政思想去周游列国的。鉴于当时各诸侯国、特别是较强的诸侯大国所追求的并不是国家的长治久安，也不是民众的利益，而是眼下的争霸争利，所以对孟子的仁政措施不感兴趣，孟子只是在宋国和滕国这样的小国里推行过一段自己的主张，影响不大。所以司马迁评述孟子的政治思想在当时“则见以为迂远而阔于事情”，反映了孟子仁政思想在当时受到冷落的现实。

孟子周游列国，推行仁政思想，总的说来困难重重，当他七十多岁离开齐国后，便带着他的学生万章、公孙丑等人回到了故里。孟子在余下的晚年里，和他的学生一起整理了《诗》、《书》等儒家经典，并整理了生平中重要的言行资料，编写了《孟子》七篇一书。

《孟子》七篇的记载，始见于《史记·孟荀列传》。《汉书·艺文志》著录为《孟子》十一篇，现存七篇。赵岐《孟子章句·题辞》对十一篇的真伪作了分辨，认为“又存《外书》四篇：《性善辨》、《文说》、《孝经》、《为政》。其文不能宏深，不与内篇相似，似非《孟子》本真，后世依仿而托也”。后来这《外书》四篇就亡佚了。赵岐把《论语》看作是“五经之錧鎋，六艺之喉衿”，把《孟子》看做是“拟圣而作”，从此，《孟子》和《论语》

并列。到五代后蜀时，《孟子》作为十一经之一刻石流传；北宋初又加翻刻；南宋时朱熹从《礼记》中取出《大学》、《中庸》两篇，认为是曾子和子思的作品，与《论语》、《孟子》合在一起，称为《四书》，并做了注释。从此，《孟子》一书的影响也随之更大了。到了明清两朝，《四书》被规定为科举考试与答卷的标准，对中国社会思想文化发挥了多方面而深远的影响。

《孟子》一书给我们留下了丰富而深刻的文化遗产，是中国优秀的传统文化的源头之一。孟子思想中的精华之处很多，这里仅就他的仁政学说、育人学说和以意逆志说及散文上的成就加以简单介绍。

一、仁政学说

孟子一生中孜孜以求的理想就是在全天下推行仁政。什么是仁？孟子说："仁者爱人。"又说："恻隐之心，仁也。"恻隐之心，也就是不忍人之心，也就是爱他人之心。孟子说："人皆有不忍人之心。""以不忍人之心，行不忍人之政，治天下可运之掌上。"（《孟子·公孙丑上》）这里所说的行不忍人之政，也就是从关爱百姓的角度去管理天下。这就是孟子仁政学说的出发点。这种仁政观念运用到国家政权的行使上，孟子提出了要"得民心"，并进一步提出了"得民心"的方法，即"所欲与之聚之，所恶勿施尔也"（《孟子·离娄上》）。意思是说，要得到天下，巩固政权，关键在于得到百姓的拥护；要想得到百姓的真心拥护，君主应该按照百姓的意愿施政，百姓希望得到的就替他们积聚起来，百姓厌恶和反对的事情，决不要去做。这种施政思想和施政纲领，显然是进步的，是伟大的，超越诸子之上的。

孟子的仁政学说源于他的民本思想，正是由于他看到了民众的巨大力量，无论在政治风云中，还是在国家盛衰上，民众的作用任何时候都不可忽视。所以孟子说："诸侯之宝三：土地、人民、政事。"（《孟子·尽心下》）把人民当作宝藏，加以珍视。又说："民为贵，社稷次之，君为轻。"（《孟子·尽心下》）把民众、社稷、君主三者在国家政治生活中的价值和地位进行了比较，在历史上第一次把民众摆在了君主和政权的前面。

民本思想自西周以来虽有端倪，但都是朦胧的和笼统的，到了孟子这里才成为了完整的系统的思想观念。特别是“民贵君轻”这一光辉的论断，犹如响彻千古的春雷，尽管几千年来的阶级社会中，民众从未贵过，君主从未轻过，但它滋养着我国民主思想的发生和发展。明末清初的思想家黄宗羲说过：“盖天下之治乱，不在一姓之兴亡，而在万民之忧乐。”（《明夷待访录·原臣》）近代思想家严复借孟子之言抨击封建专制主义，说过：“孟子曰：民为重，社稷次之，君为轻。此古今之通义也。”（《辟韩》）近代思想家陈天华更说过：“中国自古以来，被那些君臣大义的邪说所误。任凭什么昏君，把百姓害到尽头，做百姓的总不能出来说句话。不知孟夫子说过：‘民为贵，社稷次之，君为轻！’君若是不好，百姓尽可另立一个。”（《警世钟》）后于孟子两千年左右的思想家们，在反对和抨击封建专制主义罪恶时，拿起了孟子“民贵君轻”论的武器，可见孟子对历史进步的巨大贡献了。

孟子的仁政学说并没有停留在理论层次，他为了落实“所欲与之聚之，所恶勿施”的主张，提出了一系列的措施和办法。如强调君主与民同乐，“乐民之乐，民亦乐其乐”，“乐以天下，忧以天下”（《孟子·梁惠王下》）。又如强调制民之产。孟子认为，一个君主要想得到民众的拥护和支持，必须让他们有固定的产业，有个安定的生活。这一点是很重要的，因为当时战争频仍，社会动荡，民不聊生。君主那里“仓廪实，府库充”，“庖有肥肉，厩有肥马”，而百姓这里却“父母冻饿，兄弟妻子离散”，这样的境遇怎能让百姓不离心离德呢？所以孟子强调要让百姓有恒产，说：“民之为道也，有恒产者有恒心，无恒产者无恒心。”（《孟子·滕文公上》）并提出了制民之产的设想：“五亩之宅，树之以桑，五十者可以衣帛矣。鸡豚狗彘之畜，无失其时，七十者可以食肉矣。百亩之田，勿夺其时，数口之家可以无饥矣。”（《孟子·梁惠王上》）此外，孟子还提出了减轻农民赋税，减免商业税，以及提倡不违农时等一系列促进生产、减轻百姓负担的措施。

二、育人学说

孟子不仅是一位杰出的思想家，而且也是一位杰出的教育家。他对教育事业非常热心，把培养人才看成是人生中的一大乐事，他说："君子有三乐"，"父母俱存，兄弟无故，一乐也；仰不愧于天，俯不怍于人，二乐也；得天下英才而教育之，三乐也"（《孟子·尽心上》）。孟子的育人学说可分为两部分，一是针对学校教育，二是针对人格的自身修养。

在学校教育（包括公学和私学）方面，孟子总结了夏商周三代办学的目的，指出"设为庠序学校以教之"，"皆所以明人伦也"（《孟子·滕文公上》）。所谓"明人伦"，就是通过学习，让大家都懂得"父子有亲，君臣有义，夫妇有别，长幼有叙，朋友有信"（《孟子·滕文公上》）的人伦道理和做人准则。只要依此行事，人际关系就会和谐，社会就能稳定，当然国家政权也就容易巩固。孟子正是看到了教育在国家政治生活中所起的重大作用，所以才强调了"善政不如善教之得民也"，也指出两者之间作用的不同："善政，民畏之；善教，民爱之。善政得民财，善教得民心。"（《孟子·尽心上》）此外，在教学的原则和方法上，提出了因材施教、以身作则、言近旨远、守纪施博等主张。

在人格的自身修养上，孟子有着一套完整的系统的要求和方法。首先，孟子把仁政理想和追求高尚的道德情操放在修养的首位。这也是孟子对士人提出的"尚志"要求，而"志"的内容就是"仁义而已矣"（《孟子·尽心上》）。一个人要树立远大目标，立下崇高志向，就要从培养良好的心性做起，而养心的内在条件就是"寡欲"。孟子说："养心莫善于寡欲。其为人也寡欲，虽有不存焉者，寡矣；其为人也多欲，虽有存焉者，寡矣。"（《孟子·尽心下》）意思是说，修养心性的最好办法就是减少对物欲的追求，心中的物欲淡薄了，求善的心志自然就存留多了。这种观点是符合事物发展规律的，对人自身的思想修养的提升也是有成效的。正因为如此，这种思想观点对中国传统文化的影响极为深远。当然，这有个客观地正确地理解孟子这段话的问题。像南宋时的朱熹在“寡欲”问题上走上极端，提出什么“存天理，灭人欲”的口号，则是错误的，与孟子无关。

在个人修养的深度和广度上，孟子提出了开阔胸襟、增广见闻的主张。他以“孔子登东山而小鲁，登泰山而小天下，故观于海者难为水，游于圣人之门者难为言”（《孟子·尽心上》）为譬喻，主张扩大眼界，向高标准、高境界攀登。在向崇高目标的修养过程中，孟子想告诫人们，不可急于求成，不可一蹴而就，更不可冒进走过场，所以他又说：“流水之为物也，不盈科不行；君子之志于道也，不成章不达。”他希望人们像流水一样，不填满路上的沟沟坎坎，就不忙着往前赶；学者有志于修道，也必须扎扎实实，一步一个脚印，循序渐进，然后才能通达。这些话不愧是金玉良言，至今仍是我们前进的指路明灯。此外，在个人修养上，孟子还提出了“善养浩然之气说”、“尚友说”、“深造自得说”等，无不对人格的修养培育起了指导或借鉴的作用。

三、以意逆志说及文学成就

孟子在行文中，善于引用《诗经》来说明自己的意图，起到了寓意深刻、形象鲜明的效果。其中在引用《诗经》和评论《诗经》中，多有精湛的见解。例如，孟子在讨论如何理解《诗经》中文采、言辞、内容与原意之间关系时，提出了“以意逆志”的论断。这个论断涉及了如何理解和认识文学作品的思想意义和艺术特征，涉及了文学的本质特征及文学鉴赏等重要方面，对后世影响很大。

“以意逆志”说，见于《孟子·万章上》，主要内容是：“故说诗者，不以文害辞，不以辞害志。以意逆志，是为得之。”要理解“以意逆志”的内涵，关键之处在于对“意”和“志”两个概念的理解。最早对此作出解释的为汉代的赵岐，他认为“志，诗人志所欲之事”，即指作者的意愿。“意，学者之心意”，即指读者的心意。按着赵岐的解释，“以意逆志”就是指读者以自己的心意去迎合作者的原意。这种解释为后世多数学者所承袭，如朱熹说：“当以己意迎取作者之志。”（《孟子集注》）王国维说：“顾意逆在我，志在古人，果何修而能使我之所意不失古人之志乎？”（《玉溪生年谱会笺序》）朱自清说：“以意逆志，是以己意己志推作诗之志。”（《诗言志辨》）到了今人杨伯峻，基本上还是采用了赵岐的说法，只是把“意”译为“体会”，即“用自己切身的体会去推测作者的本意”。这比赵岐的解释于情理上顺多了，但仍感到存在逻辑上的某些欠缺。此外，还有一种解释，认为“意”不应指读者的心意，认为“意之所到，即志之所在，故以古人之意求古人之志”，实指作品之意。这种解释于理可通，但古人之“意”与古人之“志”，既可区别，又可混同，总嫌未能道出“以意逆志”的本旨来。后翻董洪利博士《孟子研究》一书，他释“志”为“作品语言所表达的内容，而不是作者的原意”。于此才有谦然已解的感觉。他说：“‘以意逆志’就是读者的理解与作品语言所表达的内容相互融合的过程，而不是用读者的心意去追寻迎合作者原意的过程。只有这样理解，‘以意逆志’才能成为具有可行性的文学批评与鉴赏的正确方法。”

孟子所处的战国时代，既是战火频仍、百家争鸣的时代，也是古代散文创作的辉煌时代，涌现出像孟子、庄子、荀子、韩非子等一批杰出的散文作家。他们风格虽异，各领风骚。其中孟子“以浩然之气，发仁义之言；无心于文，而开辟抑扬，高谈雄辩，曲尽其妙”，“儒者之文，至《孟子》而极跌宕顿挫之妙”（钱基博《中国文学史》），对后世散文的发展起到了广泛而深远的影响。著名的唐宋古文大家，如韩愈、苏轼、王安石等人，就曾取法于《孟子》，他们的散文创作的风格特色与《孟子》散文有着深刻的渊源关系。

《孟子》散文特色大致有以下几点：

一、由于孟子为人豪爽耿直，敢于吐心中块磊，所以行文气势磅礴，遒健有力。例如《孟子·公孙丑下》中有一段，叙述齐宣王对孟子不够尊重，凭着爵位轻视有道德的长者。对此，孟子议论道：“天下有达尊三：爵一，齿一，德一。朝廷莫如爵，乡党莫如齿，辅世长民莫如德。恶得有其一以慢其二哉？故将大有为之君，必有所不召之臣；欲有谋焉，则就之。其尊德乐道，不如是，不足与有为也。”可谓气势恢弘，大胆辛辣，掷地有声。

二、善于在叙述中穿插寓言故事，利用所塑造的典型化的寓言人物形象来譬喻叙述中所要说明的道理，使文章不但生动活泼，而且意味深长，耐人寻味。例如，《孟子·梁惠王上》中“寡人之于国”章（见本书《五十步笑百步》），孟子就是抓住了梁惠王好战的性格，在回答梁惠王的问题时，直接用一个战争中逃兵的寓言故事，提出反问，迫使梁惠王入套，然后再顺势讲明真正爱民的作为。“五十步笑百步”的寓言故事，由于本身的短小，仅二十七字，就直接插入对话中，成为叙述中紧密相连的有机成分，如果脱离叙述内容来看，它本身也可以成为一个独立的寓言故事。

又如《孟子·公孙丑上》中，孟子回答“敢问何谓浩然之气”一节（见本书《浩然之气》），孟子讲了浩然之气的特征和养气的方法后，又强调了养气中要注意“心勿忘，勿助长”的告诫后，唯恐对方仍然不甚明了，便编排了一个揠苗助长的寓言故事，进一步说明“心勿忘，勿助长”的含意，并塑造了一个因揠苗助长而累得疲备不堪的愚昧无知的宋人形象，反衬并烘托出“心勿忘，勿助长”的严肃性和重要性。“揠苗助长”有人物，有情节，有对话，已是一个完整的寓言故事。这个寓言故事安插在这里，它是烘托和进一步说明浩然之气特点的；一旦抽出来，它自身有着独立的内涵和性格，可以寓意类似的一切事物。这就是为什么我们喜欢阅读《孟子》、《庄子》等诸子书中的寓言故事的缘故。

《孟子》书中还有一种通体上为寓意性的故事，极富文学性。如《孟子·离娄下》中“齐人有一妻一妾”章（本书见《令家室哭泣的人》），全章类似一篇讽刺性的小小说，情节曲折，叙事生动，人物形象栩栩如生。只是在故事的末尾，旁敲侧击地点了一下讽喻的对象，令人回味。完全借形象寓意说理，先秦中唯有庄孟二人得心应手。这也是庄孟二人散文的艺术性超越各家的原因之一。

三、语言通俗流畅，文章质朴自然，不矫揉造作，直抒胸臆；

意象表达技巧丰富，修辞手法丰富多样，运思用笔达到了不露痕迹的纯熟境界。我们在阅读作品时，可细细品味，这里不再举例。

孟子思想十分丰富，涉及哲学、政治、经济、教育等各个方面。其中有不少的思想闪耀着时代的光辉，有不少的观点蕴含着历史的真知灼见，还有不少的论述美妙动人，洋溢着智慧的灵光。本书作为《孟子》精粹的选编，既要选取影响大、代表性强、学术观点深刻的篇章，也要考虑读者对象，选取一些知识性、时代性和趣味性强的篇章，两者权衡，难免会有顾此失彼的问题。本书为了反映孟子思想对中华传统文化的深远影响，反映其发展变化的脉络，我们设置了“扩展阅读”板块，尽管挂一漏万，尚望从历史长河之点滴中，加深对亚圣的认识。本书对所选的原文，依次进行注释、今译和点评。注释采各家之长，力求中肯；今译亦求准确通顺。然学力有限，未必允当。特别是点评一项，由于本人非专门家，所以行文类似随笔，阐述不够系统，或有牵强附会之处，敬请指正。

目　录

仁爱为本的信仰

仁义而已，何必曰利？ …… 2
为民父母，岂可率兽食人？ …… 6
与民同乐 …… 9
大小之辨 …… 15
得民心者得天下 …… 19
国家存亡在于仁 …… 23
自暴自弃 …… 26
君子之忧 …… 29
人性之善 …… 33
舍生取义 …… 37
杯水车薪 …… 42
善教得民心 …… 45
民贵君轻 …… 48

理想人格的追求

推恩及人 …… 52
浩然之气 …… 57
何谓大丈夫？ …… 62
至诚动人 …… 66

君子贵本 …… 69
求则得之，舍则失之 …… 72
苟得其养，无物不长 …… 75
无以小害大，无以贱害贵 …… 79
生于忧患而死于安乐 …… 83

观物阅世的见解

以意逆志 …… 88
天时不如地利，地利不如人和 …… 93
目之于色有同美 …… 98
五十步笑百步 …… 103
祸福无不自求 …… 107
有恒产者有恒心 …… 111
听其言，观其眸 …… 115
人与环境 …… 118
君臣关系 …… 122
嫂溺援之以手 …… 125
令家室哭泣的人 …… 130
虑患深远才能通达事理 …… 134
登泰山而小天下 …… 137
尽信书则不如无书 …… 140
知人论世 …… 143

仁爱为本的信仰

仁义而已，何必曰利？

孟子见梁惠王。

王曰："叟，不远千里而来，亦将有以利吾国乎？"

孟子对曰："王，何必曰利？亦有仁义而已矣[①]。王曰'何以利吾国'，大夫曰'何以利吾家'，士庶人曰'何以利吾身'，上下交征利而国危矣[②]。万乘之国[③]，弑其君者[④]，必千乘之家；千乘之国，弑其君者，必百乘之家。万取千焉，千取百焉，不为不多矣。苟为后义而先利，不夺不餍[⑤]。未有仁而遗其亲者也，未有义而后其君者也[⑥]。王亦曰仁义而已矣，何必曰利？"

（节选自《梁惠王上》）

【注释】

①仁义：儒家做人行事的原则和规范。“仁”侧重于内心道德感情，“义”侧重于外在的行为准则。

②交征：互相争夺。

③乘（shèng）：古代的兵车一辆叫一乘。国家的大小以兵车的多少来衡量，所以有“万乘之国”与“千乘之国”的叫法。

④弑：以下杀上，以卑杀尊叫弑。

⑤餍（yàn）：满足。

⑥后：置之脑后，怠慢，丢弃。

【译文】

孟子拜见梁惠王。

梁惠王说：“老先生！您长途跋涉，不远千里到我这里来，将会对我的国家带来很大的利益吧？”

孟子回答说：“王啊！您何必一开口就讲利益呢？只要讲仁义就行了。如果诸侯只讲‘怎样才能有利于我的国家’，大夫一说就是‘怎样才能有利于我的家族’，士子和一般平民也异口同声讲‘怎样才能有利于我自己’，上上下下都互相追逐私利，那么整个国家就危险了。在拥有一万辆兵车的国家里，杀掉国君的，一定是拥有一千辆兵车的公卿；在拥有一千辆兵车的国家里，杀掉国君的，一定是拥有一百辆兵车的大夫。在一万辆兵车的国家中，公卿拥有兵车千辆；在一千辆兵车的国家中，大夫拥有兵车百辆；这些公卿大夫所拥有的财产不能不说是很多的了。倘若他们轻视公义而追逐私利，不把别人的财富全部夺去，是永远不会满足的。从来没有讲究‘仁’而遗弃父母的人，也从来没有讲究‘义’却怠慢国君的人。王也只讲究仁义就行了，为什么一定要讲究利益呢？”

扩展阅读

取之有道，用之有节

外物至轻，己德至重。重其所轻，轻其所重，不知类也[①]。外物为养生之具，固不可缺，但君子取之有道，用之有节；小人则取不以道，用不以节，所谓天理人欲同行异情也[②]。

（明　薛瑄《读书录》）

【注释】

①类：类别，本质。

②天理：天道，自然法则。儒家指“人之初，性本善”的自性。

【译文】

身外之物那是最为渺小的，只有保持自己为善的本性才是至关重要的。如果看重那些本应忽略的东西，而轻视那些本应注重的东西，这是不知做人的真正本质。那些身外之物是用来维持生活的工具，固然不可缺少，然而有修养的君子索取它有正当的方法，使用它有一定的节度；不守礼法的小人则不然，索取它不用合法的手段，使用它不注意节俭。这就是人们常说的，同在天理与人欲中生活，所抱的态度大不相同。

点评

义与利，也就是仁义与利益，这是人生须臾不能回避的问题。一思一念，一言一行，都存在一个义与利的问题，只是人们往往把它掩藏在潜意识里，不把它放出来而已。

关于义与利之间的关系，早在先秦的孔子、孟子就十分重视了。他们站在治理国家的立场，以教育家的身份，阐述了“重义轻利”的观点，如孔子说“君子喻（懂得、知道）于义，小人喻于利”（《论语·里仁》）、孟子说“何必曰利”。孔孟重视、提倡仁义，以仁义为根本，这对于净化社会是有积极意义的。例如，孔子声称“不义而富且贵，于我如浮云。”（《论语·述而》），这种不取不义之财，不见利忘义，而要“见利思义”的做人风范，正是中华民族的传统美德。

孔子单纯以义和利来区分君子和小人，孟子过分强调仁义的作用，也给后世造成了一些不良的影响。例如“以义为利”的提出，以义代替利，忽略了利的不可替代的价值和作用。又如“正其谊（义）不谋其利”的主张，一心崇奉义而贬斥利，也只能是不食人间烟火的空论。

人是社会中的人，人的社会性和群体性决定了人类对于义与利的需求是统一的，缺一不可的。从表面看，从局部看，似乎是对别人讲仁义、讲付出，自己的利益就要受到损失；反之，寻求个人的利益就必定损害社会、影响别人。其实，这只是一种极端思想的偏见，试想，人们不讲公义，社会怎能稳定？怎能繁荣？反之，人们不寻求利益，又何以生存？何以发展？

我们应当既要讲义，又要讲利；既不要以义代替利，也不要以利损害义。在当今市场经济社会里，值得我们注意的是要把利摆在合理合法的位置。即在物欲横流的时候，千万不要重利轻义、唯利是图，更不要见利忘义，图谋不义之财。好利没有什么不好，但要取之有道，取之合法。

联系我们选取的两个段落，孟子言“何必曰利”，强调了仁义为本、仁义为先的一面，但“利”对于社会生活的重要性，促使人们提出如何正确对待它的问题，于是后儒提出了“取之有道，用之有节”的理念，这是对孔孟义利学说的完善。

为民父母，岂可率兽食人？

梁惠王曰：“寡人愿安承教[1]。”

孟子对曰：“杀人以梃与刃[2]，有以异乎？”

曰：“无以异也。”

“以刃与政，有以异乎？”

曰：“无以异也。”

曰：“庖有肥肉，厩有肥马，民有饥色，野有饿莩[3]，此率兽而食人也。兽相食，且人恶之；为民父母，行政，不免于率兽而食人，恶在其为民父母也[4]？仲尼曰：‘始作俑者[5]，其无后乎！’为其象人而用之也[6]。如之何其使斯民饥而死也？”

（节选自《梁惠王上》）

【注释】

①安：意为“乐意”。

②梃（tǐng）：木棒。

③莩（piǎo）：同“殍”，饿死的尸体。

④恶（wū）：疑问词，为何，怎么。

⑤始作俑者：古代最早发起制造土木偶用以殉葬的人。

⑥象：同“像”。

【译文】

梁惠王说：“我愿意高兴地听您指教。”

孟子就说：“用木棒打死人和用刀子杀死人，有什么不同吗？”

梁惠王说：“没有什么不同。”

“那么用刀子杀死人和用政治害死人，有什么不同吗？”

梁惠王说：“也没有什么不同。”

孟子又说：“厨房里有肥美的肉，马厩里有健壮的马，而百姓面带饥色，野外躺着饿死的尸体，这就等于率领着一群禽兽来吃人。禽兽间自相残杀吞噬，人们尚且厌恶它，身为百姓父母官，管理政务时，却不免于率领禽兽一道来吃人，哪里配做百姓的父母官呢？孔子说过：‘第一个制作土偶陶俑来殉葬的人，恐怕要断绝后代吧？’这么说正是因为土偶陶俑酷似真人而用来殉葬的缘故。像这种拿土人木人来殉葬的做法都不行，又怎么能让这些百姓活活地饿死呢？”

扩展阅读

政在养民

天下之官皆养民之官，天下之事皆养民之事。

（清　唐甄《潜书·考功》）

【译文】

天下所有的官职都是用来抚养人民的，天下所有的事务都应该落实到如何抚养人民上。

点评

孟子怀有一颗伟大的仁爱之心，他希望通过君主和官吏的仁爱带动整个社会的仁爱，消除社会上那些残暴的恶劣的现象。当然，这些美好的主张和崇高愿望在当时的社会不可能实现，但这种关爱百姓的人本主义精神，却永远不会消亡。

远在上古的大禹就教导说："德惟善政，政在养民。"要求执政者既然担负起为民父母的使命，就要兢兢业业，修养道德，完善治理，更好地护养人民。这种"执政养民"的理念，经孔孟而深入，至清儒而完备。如王夫之说："以养民为义，而即以养民为利，而不可屑屑（急匆匆）求财货之私以为利。"（《四书训义》）唐甄说："富在编户（百姓家），不在府库。若编户空虚，虽府库之财积如山丘，实为贫困，不可为国矣。"（《潜书·考功》）他们都强调了富国之道先在富民，社会创造的财富不应该完全被官府把持，而应回馈百姓，这才是天下最大的义利。

与民同乐

庄暴见孟子[①]，曰："暴见于王[②]，王语暴以好乐，暴未有以对也。"曰[③]："好乐何如？"

孟子曰："王之好乐甚，则齐国其庶几乎[④]！"

他日，见于王，曰："王尝语庄子以好乐[⑤]，有诸？"

王变乎色[⑥]，曰："寡人非能好先王之乐也，直好世俗之乐耳。"

曰："王之好乐甚，则齐其庶几乎！今之乐，由古之乐也。"

曰："可得闻与？"

曰："独乐乐[⑦]，与人乐乐，孰乐？"

曰："不若与人。"

曰："与少乐乐，与众乐乐，孰乐？"

曰："不若与众。"

"臣请为王言乐。今王鼓乐于此[⑧]，百姓闻王钟鼓之声，管籥之音[⑨]，举疾首蹙頞而相告曰[⑩]：'吾王之好鼓乐，夫何使我至于此极也？父子不相见，兄弟妻子离散。'今王田猎于此[⑪]，百姓闻王车马之音，见羽旄之美[⑫]，举疾首蹙頞而相告曰：

‘吾王之好田猎，夫何使我至于此极也？父子不相见，兄弟妻子离散。’此无他，不与民同乐也！

“今王鼓乐于此，百姓闻王钟鼓之声，管籥之音，举欣欣然有喜色而相告曰：‘吾王庶几无疾病与，何以能鼓乐也？’今王田猎于此，百姓闻王车马之音，见羽旄之美，举欣欣然有喜色而相告曰：‘吾王庶几无疾病与，何以能田猎也？’此无他，与民同乐也！今王与百姓同乐，则王矣。”

（节选自《梁惠王下》）

【注释】

①庄暴：齐国大臣。

②见于王：被王接见。王，指齐宣王。

③曰：以下一句仍是庄暴的话。一个人的话中间又加一“曰”字，表示说话中间停顿后，又继续说的意思。

④庶几：将近，差不多。基本用于积极方面的判断。

⑤庄子：对庄暴的敬称。

⑥变乎色：变了色。

⑦乐乐：第一个“乐”读为音乐的“乐（yuè）”，作动词用，为欣赏音乐；第二个“乐”读为快乐的“乐（lè）”。下同。按第一个“乐”读为lè，第二个“乐”读为yuè，亦通，此句即为“乐于乐”，省略“于”字。

⑧鼓乐：奏乐。

⑨管籥（yuè）：古代两种吹奏乐器，如今天的箫笙之类。籥，同“龠”。

⑩举：副词，皆，俱，全。疾首：头疾。蹙頞（cù è）：皱着鼻梁。

⑪田猎：打猎。

⑫羽旄（máo）：指旗帜。古代用鸟羽、旄（牦）牛尾装饰旗帜，故代指旗帜。

【译文】

庄暴会见孟子，说："我被齐王召见，齐王对我说他喜欢音乐，我不知该怎样回答。"接着又说："喜欢音乐到底好不好？"

孟子说："齐王如果非常喜欢音乐，那么齐国想必很不错了吧。"

后来有一天，孟子被齐王召见。孟子问道："大王曾经对庄暴说过您喜欢音乐，有这么回事吗？"

齐王脸色一变，说："我并非喜欢上先王的音乐，只不过是喜欢通俗音乐罢了。"

孟子说："大王既然非常喜欢音乐，那么齐国想必是很不错了。现在的俗乐不也是由古乐发展而来的吗？"

齐王说："可以听听你的见解吗？"

孟子说："一个人独自欣赏音乐与跟别人一起欣赏音乐，哪种方式更令人感觉到快乐呢？"

齐王说："独自欣赏不如与别人一起欣赏快乐。"

孟子说："跟少数人一起欣赏音乐与跟多数人一起欣赏音乐，哪种方式更快乐呢？"

齐王说："不如跟多数人共同欣赏音乐快乐。"

孟子接着话题，继续说："请允许我为大王谈谈有关音乐的问题吧。如果大王现在在这里奏乐，百姓听到敲钟击鼓的声音，又听到吹箫弄笛的声音，全都感到头疼，皱着额头互相议论说：'我们的君王这样喜欢音乐，为什么却让我们困苦到这种地步呢！父子不能相见，兄弟妻子东离西散。'如果大王现在在这里打猎，百姓听到车马的响声，看到旗帜仪仗的华丽，全都感到头疼，皱着额头互相议论说：'我们的君王这样喜欢打猎，为什么却让我们困苦到这种地步呢！父子不能相见，兄弟妻子东离西散。’这没有别的原因，就是不与民同乐啊！

“如果大王现在在这里奏乐，百姓听到敲钟击鼓的声音，又听到吹箫弄笛的声音，全都感到欢欣鼓舞，喜气洋洋地彼此转告说：‘我们的君王大概健康无病吧，要不怎么能够欣赏音乐呢？’如果大王现在在这里打猎，百姓听到车马的响声，看到旗帜仪仗的华丽，全都欢欣鼓舞，喜气洋洋地彼此转告说：‘我们的君王大概健康无病吧，要不怎么能够外出打猎呢？’这没有别的原因，就是能够与民同乐啊！当今，如果大王能够做到与民同乐，就可以使天下归服了。”

扩展阅读

真乐来自心和

求真乐当求之心，不当求之器也。予为儿时，戏击瓦砾，吹葱筒①，以为乐，悠然有自得之趣，此真乐也。

真乐必物理而后作，心和而后谐，特假器以宣之耳。不然，何武帝今日作《天马》、《芝房》之歌②，明日协《宝鼎》、《赤雁》之律③，民不之乐而海内益耗者乎？孟子论乐必归之“与民同乐”，其达真乐者哉！

（明　吕柟《泾野子内篇》）

【注释】

①葱筒：葱叶。用葱叶可以吹出一些简单的声调，乡村小儿用来吹着玩耍。

②③《天马》、《芝房》、《宝鼎》、《赤雁》：均为汉武帝时郊祀歌曲。歌曲之名取自当时所获得的宝物。

【译文】

要想获得真正的快乐，应当从内心中去寻找，而不应在乐器上去追求。我在少儿时，玩耍着敲着瓦片，吹着葱叶，由此乐滋滋的，颇有悠然自得之趣，这是真正的快乐啊！

真正的快乐必定是循物事之理而操作，心境平和而后与音乐融合一体，那乐器不过是借来沟通的工具罢了。如若不然，为什么汉武帝今天作《天马》、《芝房》之歌，明天又奏《宝鼎》、《赤雁》之曲，而百姓并不快乐，国家又日益耗损呢？孟子论乐，必定归结到“与民同乐”上，这是懂得什么是最大的快乐啊！

点评

在这段文字里，孟子阐述了自己“与民同乐”的思想主张，这种观点不仅在当时有着进步的政治意义，就是在后世的社会发展中，仍然发挥着明灯的作用，成为社会生活中不可忽略的永恒课题。

“与民同乐”的主体是执政者一方，客体是百姓一方。他们之间的关系是，从表层看，要求执政者（包括各级官吏，下同）与百姓一起娱乐、一起享受快乐；深一层看，则要求执政者与百姓同甘共苦；再深入本质看，则反映了执政者与普通百姓在人格上和政治上的平等，管理者与被管理者只是职务的分工。职权的大小不同也只是行使职务的需要，没有存在特权的任何理由。

在这段文字里，孟子还提出“今之乐由古之乐”这一论断，发展了古代对雅俗音乐的认识。雅乐，或称古乐、先王之乐、旧乐、正声，实指宫廷音乐；俗乐，或称今乐、世俗之乐、新乐、邪音，即为民间音乐。在孟子之前，以孔子为代表的传统认识是尊崇雅乐、禁止郑声（即郑国的民间音乐），以雅乐为正为美，以俗乐为恶为丑，把雅与俗看得水火不容。而孟子则从事物发展的角度，基于对音乐自身规律的认识，提出了“今之乐由古之乐”

的见解，揭示了只要与民同乐，今乐与古乐、雅声与郑声，都可以引起人们共同的美感，起到沟通感情的作用。

“今之乐由古之乐”的提出，有力地否定了过去以政治得失和阶级功利来划分音乐的贵贱正邪，指出了音乐只有美丑之分，与善恶、正邪无关，与情理无关。这种观点反映了孟子在审美上的“共同美”和“共同美感”的认识，促进了音乐审美认识的进一步发展。

扩展阅读中，吕枏通过儿时击瓦吹葱的体验，指出真乐源于人与自然无一丝隔膜的交融和谐，从主体的人来说也就是“心和”。他又进一步从孟子论乐中体会到，人与社会的关系中，小和则小乐，大和则大乐，倘若如孟子心怀天下，心系苍生，仁爱百姓，其乐不就是天下最大的快乐吗！

大小之辨

齐宣王问曰："文王之囿方七十里[①]，有诸？"

孟子对曰："于传有之[②]。"

曰："若是其大乎？"

曰："民犹以为小也。"

曰："寡人之囿方四十里，民犹以为大，何也？"

曰："文王之囿方七十里，刍荛者往焉[③]，雉兔者往焉[④]，与民同之。民以为小，不亦宜乎？臣始至于境，问国之大禁，然后敢入。臣闻郊关之内有囿方四十里，杀其麋鹿者如杀人之罪，则是方四十里为阱于国中[⑤]。民以为大，不亦宜乎？"

（节选自《梁惠王下》）

【注释】

①囿（yòu）：古代饲养禽兽，种植草木的园林。其中有围墙的叫苑，没有围墙的叫囿，可以用来狩猎。

②传：史书记载。

③刍（chú）荛（ráo）者：割草打柴的人。

④雉兔者：捕捉野鸡野兔的人。

⑤阱（jǐng）：为捕捉野兽而设置的深坑，即陷阱。

【译文】

齐宣王问道："听说周文王有一个方圆七十里的狩猎场，真有这回事吗？"

孟子回答："有，史书上有记载。"

齐宣王问："真有那么大吗？"

孟子说："百姓还嫌它小呢！"

齐宣王说："我的狩猎场才方圆四十里，可百姓还认为它太大，这是为什么呢？"

孟子说："周文王的狩猎场方圆七十里，割草打柴的人可以随便出入，捕禽猎兽的人可以任意往来，大家嫌它地方小，不是很正常吗？我刚到您的国家边境的时候，问清了国家的重大禁令后，这才敢入境。我听说在国都的郊野有个方圆四十里的狩猎场，如果有人杀死了里面的麋鹿，就跟杀死了人一样来判刑，那这方圆四十里的捕猎场，不就成了国家中的大陷阱了吗？老百姓觉得它太大，不也是合乎情理吗？"

扩展阅读

小大之辩

穷发之北有冥海者[①]，天池也。有鱼焉，其广数千里，未有知其修者[②]，其名为鲲。有鸟焉，其名为鹏，背若太山，翼若垂天之云，抟扶摇羊角而上者九万里[③]，绝云气，负青天，然后图南，且适南冥也。

斥鷃笑之曰[④]："彼且奚适也？我腾跃而上，不过数仞而下[⑤]，翱翔蓬蒿之间，此亦飞之至也[⑥]。而彼且奚适也？"此小大之辩也[⑦]。

故夫知效一官、行比一乡、德合一君而征一国者[⑧]，其自视也亦若此矣。

（《庄子·逍遥游》）

【注释】

①穷发：寸草不生的地方。　发：毛，草木。

②修：长。

③抟（tuán）：环绕。　扶摇：盘旋而上。　羊角：状似羊角的旋风。

④斥鷃（yàn）：池泽中的小鸟。

⑤仞：古代长度单位，周代八尺为一仞。

⑥至：极，指最高境界。

⑦辩：古文"辩"、"辨"通用。

⑧效：胜任。　比：适合。　征：信。

【译文】

在荒远的北方，有一个广漠无边的大海，那是天然的大池。那里有条鱼，身宽几千里，没有人知道它的身长，它的名字叫做鲲。还有一只鸟，它的名字叫做鹏。这鹏的脊背像泰山，翅膀像垂天的云。它乘着羊角般的旋风，盘旋而上，直达九万里的高空，穿越云雾，背负青天，一门心思往南飞去，将要到达遥远的南海。

池泽中的小鸟听说了，讥笑大鹏说："它要往哪里飞呢？我腾跃而起，不过几丈高就滑翔而下，在蓬蒿草丛中飞来飞去，这也是飞翔中的最高境界了！可它还想飞到哪里去呢？”这就是小与大的区别。

而那些才智够上一官半职、操行在乡里有点小名气、德性被国君看中、能力使一国之人信任的人，他们的自我感觉，也就和池泽中的小鸟一样吧。

点评

周文王的猎场纵横七十里，占地之多，不可谓不大，然而百姓并不嫌它大，甚至还觉得它小了些。而齐宣王的猎场方圆四十里，占地面积跟周文王的相比，可谓小多了，然而百姓却嫌它太大，恨不得把它废掉才解气呢！大者不大，小者不小，全在于猎场的性质，这才导致百姓截然相反的感受。

周文王的猎场，任百姓自由出入，打柴的可以进去打柴，捕兽的可以进去捕兽，它成了百姓谋生的场所，也成了君王与百姓同乐的场所。这样的场所，岂不是愈大愈好吗？再看看齐宣王的猎场，百姓战战兢兢，不敢随便出入，如果在里面杀死一只鹿，就等于犯了杀人的罪行。这样的场所只能是君王个人享乐的地方，对于百姓来说，它不过是个害人的陷阱。对于这样的猎场，难道百姓不应该恨它多、恨它大吗？

当往日皇家的离宫别院、避暑胜地回归到人民的手里，成千上万的百姓，游娱其中，此时此刻，我们难道不希望它更多些、更大些吗？

同样是哲理深刻的大小之辨的故事，孟子揭示的是事物的客观感受一面，庄子揭示的是事物的主观认识一面。描写的对象不同，但文笔的幽默犀利，异曲同工，令人叹服。

得民心者得天下

孟子曰："桀纣之失天下也，失其民也；失其民者，失其心也。得天下有道：得其民，斯得天下矣；得其民有道：得其心，斯得民矣；得其心有道：所欲与之聚之，所恶勿施，尔也[①]。

"民之归仁也，犹水之就下、兽之走圹也[②]。故为渊驱鱼者，獭也；为丛驱爵者[③]，鹯也；为汤武驱民者，桀与纣也。今天下之君有好仁者，则诸侯皆为之驱矣。虽欲无王，不可得已。今之欲王者，犹七年之病求三年之艾也[④]。苟为不畜，终身不得。苟不志于仁，终身忧辱，以陷于死亡。《诗》云：'其何能淑，载胥及溺[⑤]。'此之谓也。"

（节选自《离娄上》）

【注释】

①尔也：如此。

②圹：同"旷"，旷野。

③爵：同"雀"。

④艾：多年生草本植物，开黄色小花，可供针灸之用。治病用的艾草放的时间越久越好。

⑤《诗》云二句：见《诗经·大雅·桑柔》第五章。淑，善。胥，相互。

【译文】

孟子说："夏桀和商纣所以丧失天下，是因为失去了百姓的支持；他们所以失去了百姓的支持，是因为失去了百姓的心。获得天下有方法：获得百姓的支持，便获得天下了。获得百姓的支持有方法：获得百姓的心，便获得百姓的支持了。获得百姓的心也有方法：百姓所期盼的，替他们聚集起来；百姓所厌恶的，不要强加在他们头上。如此罢了。

"百姓归附仁德，好比水向低处流、野兽向旷野跑一样。所以说，替深渊把鱼儿驱赶来的是水獭；替丛林把鸟雀驱赶来的是鹞鹰；替商汤、武王把百姓驱赶来的是夏桀和商纣。现在各诸侯的国君如果有好仁德的人，那么其他的国君都会替他把百姓赶过来。那时，纵使不想统一天下，也是做不到的。但是当今这些希望统一天下的人，却譬如已经害了七年的病急等着用三年的陈艾来救治一样，倘若平时没有积蓄，一辈子也别想得到。如果没有仁德的志向，那么终身都会遭遇忧患，蒙受耻辱，以至于死亡。《诗经》里说：'怎么能把事情办好，不过相率落水淹溺罢了。'正是说的这个情况。"

扩展阅读

争天下者，必先争人

争天下者，必先争人。明大数者得人，审小计者失人。

（《管子·霸言》）

【译文】

要想争夺天下，必定要首先争夺民众。洞悉天下大势的人能够得到人心，计较旁枝末节的人就会失掉人心。

点 评

历史是在改朝换代中延续与发展的，一个国家、一个朝代灭亡了，又一个国家、一个朝代兴起了，这其中的主要原因是什么？两千年前的孟子站在民本主义的立场，总结分析了历代兴亡更替的史实，揭示了“民心所向”这个答案。例如当时人们多认为是夏桀、商纣的荒淫无道造成了自己的灭亡，而孟子却从更本质的原因，即从人民百姓的角度看问题，指出桀、纣的丧失天下，在于“失其民”、“失其民心”。并将这一观点作为一种规律，推而广之，指出“得民心者得天下，失民心者失天下”。显然，这种论述是比较深刻的，是抓住要害的。

先秦诸子对国家兴亡与民心得失之间的关系，大多有着清醒的认识。那么，如何获得人心呢？孟子提出了“所欲与之聚之，所恶勿施”的指导思想。也就是说，要以百姓的利益为出发点，百姓希望的事要尽力满足，百姓讨厌的事不要去做。如果天下的君王、官吏真能做到这一点，那么真是天下百姓的大幸。《管子·幼官》讲的“民之所利利之，所害除之”（对百姓有利的事要支持，对百姓有害的事要清除），与孟子前面所言“得其民心有道”，“所欲与之聚之，所恶勿施”一脉相承。

国家存亡在于仁

孟子曰："三代之得天下也以仁，其失天下也以不仁。国之所以废兴存亡者亦然。天子不仁，不保四海；诸侯不仁，不保社稷；卿大夫不仁，不保宗庙；士庶人不仁，不保四体[①]。今恶死亡而乐不仁，是犹恶醉而强酒[②]。"

（节选自《离娄上》）

【注释】

①四体：四肢，引申为身体。

②强（qiǎng）：勉强。

【译文】

孟子说："夏商周三代之所以能够得到天下是因为施行了仁政，它们之所以丧失天下是因为不施行仁政。诸侯各国的衰落与兴起、存在与覆灭的原因也是如此。天子不仁就保不住天下，诸侯不仁就保不住国家，卿大夫不仁就保不住宗庙，士人和百姓不仁就保不住生命。现在有些人害怕死亡，却喜欢做不仁的事情，这就好比害怕醉酒却偏要勉强去喝一样。"

扩展阅读

亲亲为大，尊贤为大

仁者[①]，人也，亲亲为大[②]；义者，宜也，尊贤为大。

（《礼记·中庸》）

【注释】

①仁：爱人。

②亲亲：前一个"亲"作动词用，即亲近；后一个"亲"作名词用，即亲人、亲属。

【译文】

所谓仁，就是爱人，而亲近双亲是最大的仁；所谓义，就是符合事宜，而尊敬贤德之人是最大的义。

点 评

孟子从孔子的“仁者爱人”学说出发，在政治上提出了仁政说。他把政治分为仁与不仁两种，行仁政可以得天下，不行仁政就会丧失天下；把施行仁政看成是诸侯国国君统一中国的根本保证。上至天子，下至百姓，不行仁政，不讲仁爱，那么就保不住自己的国家、社稷、宗庙、生命。

孟子的仁政说，作为施政纲领，有着较为齐备的政策、措施。诸如要求执政者以父母子女之爱来对待百姓；要关心百姓的生活，为百姓聚集恒产；简省刑罚；减轻税收；鼓励百姓深耕细作，不误农时；在有条件的地方设置学校，以孝悌教化百姓，等等。这些无不体现了富民、保民、教民的仁爱思想。

亲近孝敬父母，尊重学习贤德，这是人类社会赖以存在与发展的基础。何以然？试问，连生你养你的父母都不爱，你还能爱他人、爱国家吗？如果社会不尊重、不重用贤德之人，不就是要使邪恶当道、私欲横行吗？

自暴自弃

孟子曰："自暴者[1]，不可与有言也[2]；自弃者，不可与有为也。言非礼义[3]，谓之自暴也；吾身不能居仁由义，谓之自弃也。仁，人之安宅也；义，人之正路也。旷安宅而弗居，舍正路而不由，哀哉！"

（节选自《离娄上》）

【注释】

①暴：害。

②有言：有所言论。

③非：毁坏，破坏。

【译文】

孟子说："自己损害自己的人，不能和他说出大有裨益的言语；自己抛弃自己的人，不能和他做出有价值的事业。出言破坏礼义，这便叫做自己伤害自己；自己认为自己不能以仁居心，不能由义而行，这便叫做自己抛弃自己。仁是人类最安适的家园，义是人类最正确的道路。空闲着最安适的家园不去居住，舍弃最正确的途径不走，真是可悲呀！"

扩展阅读

自暴者拒之以不信，自弃者绝之以不为

所谓下愚有二焉[1]：自暴也，自弃也。人苟以善自治，则无不可移者，虽昏愚之至，皆可渐磨而进也。惟自暴者拒之以不信，自弃者绝之以不为，虽圣人与居，不能化而入也[2]。

（宋　程颐《伊川易传》）

【注释】

①下愚：《论语·阳货》："唯上知与下愚不移。"

②居：处，相处。

【译文】

所说的下愚，有两个特征，即自暴和自弃。人只要用善来修养自己，就没有不能改变的，就是极其愚昧的人，也可

以逐渐磨炼而进步。只有那些自暴自弃的人，自绝于善德善行的修养，不相信，不践行，就是圣人与他相处，也不能感化他，让他摆脱愚昧的处境。

点评

成语“自暴自弃”就是由此而出的，当今的解释为：“自己甘心落后，不求上进。”意思不错，只是淡化了原旨的高度针对性和浓重的悲悯色彩。当我们重温以上选段，才更加懂得这句话的分量。自暴自弃并非一般的落后和不追求上进，而是破坏道德原则，不走良善之路，其结果是毁了自己美好的一生。

自暴自弃者的危害在于对善德善行的“拒之以不信，绝之以不为”，点明了孟子“哀哉”之叹的原因。宋代大儒朱熹曾先后读过孟子“自暴自弃”章及程颐的解释，起初都没有在意，闲翻而过。一日，湖上荡舟，偶然想起这件事，回到书房，重温旧章，不禁连连称是。

君子之忧

孟子曰："君子所以异于人者，以其存心也。君子以仁存心，以礼存心。仁者爱人，有礼者敬人。爱人者，人恒爱之；敬人者，人恒敬之。

"有人于此，其待我以横逆[①]，则君子必自反也：我必不仁也，必无礼也，此物奚宜至哉？其自反而仁矣，自反而有礼矣，其横逆由是也，君子必自反也：我必不忠。自反而忠矣，其横逆由是也，君子曰：'此亦妄人也已矣。如此，则与禽兽奚择哉[②]？于禽兽又何难焉[③]？'

"是故君子有终身之忧，无一朝之患也。乃若所忧则有之：舜，人也；我，亦人也。舜为法于天下，可传于后世，我由未免为乡人也，是则可忧也。忧之如何？如舜而已矣。若夫君子所患则亡矣。非仁无为也，非礼无行也。如有一朝之患，则君子不患矣。"

（节选自《离娄下》）

【注释】

①横（hèng）逆：蛮横粗暴。

②奚择：何异，有什么区别。

③难：责难。

【译文】

孟子说："君子和一般人的区别，就在于居心不同。君子心中有仁，有礼。心存仁的人爱人，有礼的人尊敬人。爱别人的人，常常被别人爱；尊敬别人的人，常常被别人尊敬。

"倘若有这么一个人，他对待我蛮横无理，那么作为一个君子，必定要反躬自问：我必定是不仁，必定是无礼，不然的话，这种事怎么会出现呢？他经过反躬自问而达到仁，经过反躬自问而尽到礼，而那人仍然蛮横无理，君子必然再反躬自问：我肯定不忠吧！经过反躬自问而做到了忠，如果那人继续蛮横不讲理，君子心中就会想道：'这个人不过是个狂人罢了，这种样子与禽兽有什么区别呢？对待一个禽兽又有什么可责怪的呢？'

"因此，君子有长期的忧虑，却没有突发的灾祸与痛苦。这样的忧愁是有的：舜是人，我也是个人；舜成为天下人的榜样，名声传于后代，而我仍然不免是个平庸的人。这才是值得君子忧虑的事情。忧虑过后又怎么办呢？尽力向舜学习罢了。至于别的痛苦也就没有了。不是仁爱的事不去干，不符合礼节的事不去做。即使一旦飞来意外的祸害，君子也没有什么可痛苦的。"

扩展阅读

忧患意识

天下事未尝不"生于忧患而死于安乐"，若这吉处不知戒惧，自是生出吝来[1]，虽未至于凶，必竟是向那凶路去。

（宋　朱熹《文公易说》）

【注释】

①吝：悔恨。

【译文】

天下事物未尝不是"生于忧患而死于安乐"，如处于有利的位置而不知警戒忧惧，自然会生出令人后悔的事情来，虽然还不至于凶险，毕竟是踏上了凶恶之路。

点评

这段文字阐述了君子与普通人的区别，指出了君子的品质特点，可归纳以下几点：

一、君子居心于仁，非仁不为；君子居心于礼，非礼不行。有仁心的人就会爱人，有礼节的人就会尊敬人。爱别人的人也会被别人爱，尊敬别人的人也会受到别人的尊敬，所以君子也是受到人们敬爱和尊重的人。

二、君子对于别人的指责，甚至蛮横粗暴的对待，肯定会反躬自问，检查自己的不足，完善自己，而绝对不加以报复。

三、君子有终身之忧。忧虑自己比不上圣人尧、舜，而一生努力追随。君子无意外之祸，正是由于一生忧虑自己的不完善和不完美而不断进取，所以不会招致意外的灾祸和痛苦。

由此看来，君子的品质是近乎理想中完人的品质，或者说是追求完人的品质。孟子提倡的君子，他的仁爱精神，他的礼义言行，他的高尚心志，他的宽阔胸怀，他的严于律己、宽以待人的风范，至今仍不失为人们的榜样。

而朱熹的一段话，完全是秉承了孟子的“忧患”之说，“生于忧患而死于安乐”这句名言，出自《孟子·告子下》。“忧患”一词，始见于《周易·系辞下》、《礼记·大学》等篇章，均与表恶性心理状态的“忧伤”、“恐惧”、“苦恼”等词同性。但到了孟子手里，“忧患”一词被赋予了一层积极的、哲理的内涵，即“忧患意识”这一义项。正是这种未雨绸缪、防患未然的忧患意识，避免了物极必反的遭遇。

人性之善

告子曰："忧犹湍水也[①]，决诸东方则东流，决诸西方则西流。人性之无分于善不善也，犹水之无分于东西也。"

孟子曰："水信无分于东西[②]，无分于上下乎？人性之善也，犹水之就下也。人无有不善，水无有不下。今夫水，搏而跃之，可使过颡[③]；激而行之，可使在山。是岂水之性哉？其势则然也。人之可使为不善，其性亦犹是也。"

（节选自《告子上》）

【注释】

①湍（tuān）：急流水。

②信：诚然，的确。

③颡（sǎng）：额头。

【译文】

告子说："人性好比急流水，缺口在东就往东流，缺口在西便往西流。人性不分善与不善，就好比水性不分向东流还是向西流一样。"

孟子说："水诚然没有东流西流的定向，难道也没有向上向下的倾向吗？人性的善良犹如水性向下流。人没有不善良的，水没有不向下流的。对于水来说，拍击它，它会溅得很高，可以高过人的额头；用戽斗汲它，可以使它倒流，引到山上。这哪是水的本性呢？这是形势使它这样的。人可以被引诱干坏事，本性的改变也正是同样的道理。”

扩展阅读

人皆可以为尧舜

人自婴孩，圣人之质已具，皆可以为尧舜。如其禁之以豫而养之以正[①]，无交俚谈邪语，日专以格言至论薰聒[②]于前，使盈耳充腹，久焉安习，自与中情融贯若固有之，则所主定而发不差，何患圣途之不可适乎！

（宋　陈淳《启蒙初诵》）

【注释】

①豫：《礼记·学记》："禁于未发之谓豫。"指不良习性。正：不偏斜。指正当的行为举止。

②薰聒：耳闻目染。

【译文】

人在幼儿时，就已具备了圣贤的潜质，人人都可以做尧舜那样的人。如果从小就让他不滋生恶劣的习性，而是培养他善良的品行，让他不接触邪言妄语，天天用圣人的名言善论去陶冶滋润，使他耳朵里听的，肚子里装的，全是圣贤的教育，那么经过长久的修习，自然会融会贯通，犹如本生本有一样。那时他的主心骨已定，而表现出的言行也不会偏离，还担心什么圣贤之境不能达到呢！

点评

关于人性本质和基本属性的探讨，起于春秋时期的孔子。在当时重"人"、重"民"的思潮影响下，孔子提出了"性相近，习相远"（《论语·阳货》）的观点，不仅肯定了人与人之间有着相近的共同的本性，也意识到后天不同的习俗、环境对人本性的影响。孔子之后，思想界围绕人性问题展开了激烈的争论。如世硕提出了人性有善有恶的观点，而告子则认为人性本无善与不善的区别。

孟子继承和发挥了孔子的人性思想，首先提出了"类"的概念，论证人类有着共同的本性。在人性善恶问题上，反对告子的性无善无不善，主张人性善，并把仁、义、礼、智等道德观念归之于人的内心，认为这是人生而俱来的"善端"。

孟子后的荀子，在人性问题上，与孟子相反，他提出了"人之性恶，其善伪也"（《荀子·性恶》）的观点。他认为，就人的自然本性方面来说，由于"目好色，耳好声，口好味，心好利，骨体肤理好愉佚”，因此产生了人与人之间的争夺残害，所以说人性本是恶的，主张人性恶。

不管孟子主张人性善，还是荀子主张人性恶，他们都承认后天客观环境和物质生活对人的本性的影响和作用，并都强调了社会伦理道德对人性的完善有着积极的影响和作用，强调了个人后天的努力，提倡弃恶为善，不断完善自己。

孟子的性善之说，以及对“人皆可以为尧舜”（《孟子·告子下》）的认可，被后儒们普遍接受。如宋儒陈淳，在他小孩三岁略学语时，采集《周易》、《尚书》、《诗经》、《礼记》、《论语》、《孟子》、《孝经》中那些明白切要的话，编成《训童雅言》以进行圣学教育。由此可见古人多么重视道德教育，尤其是童蒙教育。

舍生取义

孟子曰："鱼，我所欲也，熊掌亦我所欲也；二者不可得兼，舍鱼而取熊掌者也。生亦我所欲也，义亦我所欲也；二者不可得兼，舍生而取义者也。生亦我所欲，所欲有甚于生者，故不为苟得也；死亦我所恶，所恶有甚于死者，故患有所不辟也。如使人之所欲莫甚于生，则凡可以得生者，何不用也？使人之所恶莫甚于死者，则凡可以辟患者，何不为也？由是则生而有不用也，由是则可以辟患而有不为也，是故所欲有甚于生者，所恶有甚于死者。

"非独贤者有是心也，人皆有之，贤者能勿丧耳。一箪食，一豆羹[①]，得之则生，弗得则死，嘑尔而与之[②]，行道之人弗受；蹴尔而与之[③]，乞人不屑也。万钟则不辩礼义而受之。万钟于我何加焉[④]？为宫室之美、妻妾之奉、所识穷乏者得我与[⑤]？乡为身死而不受[⑥]，今为宫室之美为之；乡为身死而不受，今为妻妾之奉为之；乡为身死而不受，今为所识穷乏者得我而为之，是亦不可以已乎？此之谓失其本心。"

（节选自《告子上》）

【注释】

①豆：古代食器，用以盛食物或羹汤。

②嘑（hù）：同“呼”，呼叫，大呼小叫。

③蹴（cù）：用脚践踏。

④加：益处。

⑤得：通“德”，感激。

⑥乡：通“向”，从前。

【译文】

孟子说：“鱼是我想要的，熊掌也是我想要的，如果两者不能同时得到，那么我就舍掉鱼而选择熊掌。生命是我想要的，义也是我想要的，如果两者不能同时具有，那么我就舍掉生命而选择义。生命本是我想要的，但是除了生命还有我更想要的东西，为此，我不会去做苟且偷生的事情；死亡本是我所厌恶的，但是除了死亡还有我更厌恶的东西，为此，有的灾祸我不会逃避。如果人们希望得到的没有超过生命的，那么一切可以求得生存的方法，哪有不用的呢？如果人们所厌恶的没有超过死亡的，那么一切可以避免灾祸的手段，哪有不用的呢？如此行事就能生存，然而有的人却不去做；如此行事就可以躲开灾祸，然而有的人却不去做，由此可知有比生命更值得追求的东西，有比死亡更值得厌恶的东西。

"不仅贤人有这种心，其实人人都有这种心，只不过贤人能够始终如一，保持不失罢了。一筐饭，一碗汤，得到它就能生存，得不到它就会饿死，如果大呼小叫地给人，就是过路的饿人也不会接受；如果用脚踩过再给人，就是乞丐也不屑一顾。然而竟然有人面对万钟的俸禄，不问合不合礼义，却欣然接受了。这万钟俸禄给我带来什么呢？难道是为了住宅的华美、妻妾的侍奉和相识的贫苦人对自己的感激吗？从前宁死也不肯接受的，如今却为了住宅的华美而接受了；从前宁死也不肯接受的，如今却为了妻妾的侍奉而接受了；从前宁死也不肯接受的，如今却为了相识的贫苦人对自己的感激而接受了，这些不都是应该置之不顾的事情吗？这种行为叫做丧失了他自己的本性。"

扩展阅读

义无可舍之理

上蔡谓[①]："义重于生，则舍生而取义；生重于义，则当舍义而取生。"此说不然。义无可舍之理，当死而死，义在于死；不当死而死，义在于不死，无往而非义也。

（宋　朱熹《朱子语录·鱼我所欲章》）

【注释】

①上蔡：宋代学者谢良佐，字显道，上蔡人。有《上蔡语录》，朱子曾予以删定。

【译文】

谢良佐认为："如果义比生命更重要，那么就舍掉生命而存义；如果生命比义更重要，那么就舍掉义而保存生命。"这种说法不正确。义本无可丢舍的道理，因为当出现应该舍掉生命的情况而去舍掉生命，其义就在舍掉生命上；当处于不应该舍掉生命的情况时而去舍掉生命，这就错了，因为其义在保存生命上。(所以说）或生或死都要取决于义。

点评

何谓义？义者宜也。两种或多种物事相较必取其一的，只要站在公正的立场，经过对利弊得失的权衡比较，采取最大利益的一种，这就是义。生与死对人来说，这是最大的物事，如果遇到他需要舍掉性命去挽救众多生命时，那么他的死就是取义；反之，他的生存也是取义。孟子讲的"舍生而取义"的本义，就在于此。谢良佐把思想观念的"义"与具体物事的生死进行比较，从逻辑上讲就已经错了。所以朱熹从"义"的本质上论述"此不论物之轻重，只论义之所安"、"义无可舍之理"，指出谢良佐的误解，这是中肯的。

对于一般人来讲，最宝贵的东西莫过于生命，最厌恶的事情莫过于死亡；然而对于古代的仁人志士和现代具有高尚品质的人来说，在他们的心目中，还有比生命更珍贵更重要的东西，那就是崇高而美好的理想。他们为了实现这一理想，必要时可以牺牲自己的生命。在他们的心目中，也还有比死亡更厌恶更痛恨的东西，那就是一切腐朽、黑暗、残暴的东西。他们面对这些丑恶现象和黑暗势力，不屈服、不逃避，早已把生死置之度外。

为了理想把生死置之度外，这也是古今中外仁人志士共同的特征。孟子死后过了两千多年，有个匈牙利诗人，曾经高呼：“生命诚可贵，爱情价更高，若为自由故，二者皆可抛。”两人指向的对象虽然不同，但都把崇高的理想摆在了至高无上的地位。生为理想而奋进，死为理想而献身。

杯水车薪

孟子曰："仁之胜不仁也，犹水胜火。今之为仁者，犹以一杯水救一车薪之火也；不熄，则谓之水不胜火，此又与于不仁之甚者[①]也，亦终必亡而已矣。"

（节选自《告子上》）

【注释】

①与：朱熹注：“犹助也。”杨伯峻注：“同也。”按两说皆通。

【译文】

孟子说：“仁能够战胜不仁，就好比水能灭火一样。如今行仁的人，好像用一杯水来抢救一车着了火的木柴一样；火没有被扑灭，便说水不能扑灭火，这就助长了那些极不仁的人的行为，最终必然会把已行的这点仁也葬送掉了。”

扩展阅读

用语来源

孟子曰：“仁之胜不仁也如水胜火。今之为仁者，犹以一杯水救一车薪之火也，不熄则谓之水不胜火。”予读《文子》[1]，其书有云：“水之势胜火，一勺不能救一车之薪；金之势胜木，一刃不能残一林；土之势胜水，一块不能塞一河。”文子，周平王时人。孟氏之言，盖本于此。

（宋　洪迈《容斋随笔·三笔·杯水救车薪》

【注释】

①文子：老子弟子，与孔子同时。一说姓辛，名钘，字文子。

【译文】

孟子说：“仁能战胜不仁，就如水能灭火一样。如今行仁的人，好比用一杯水来抢救一车着火的木柴，火没有被扑灭，就说水不能灭火。”我读过《文子》一书，书中有这样的话："水的力量能够战胜火，但是一勺之水救不了一车着火的木柴；金的力量能够战胜木，但是一把斧子不能毁掉一片树林；土的力量能够战胜水，但是一块土不能堵住河流。"文子，他是周平王时期的人。孟子的话，大概源于这里。

点评

仁战胜不仁，正义战胜非正义，新生事物战胜腐朽事物，美好的事物战胜丑陋的事物，这是事物发展的必然规律。但并不是说在任何时候，在任何情况下，前者一定会战胜后者，这里既有一个力量对比的问题，也有一个对立双方机缘成熟的问题。正像孟子比喻的那样，如果一个人推行仁义，其能量相当于一杯水，而当时不仁的能量却相当于一车着火的木柴，用一杯水去扑灭一车着火的木柴，这是不可能的，因为一杯水的量太小，一车薪的量又太大，但是不能由此否定水能灭火的性质，不能由此否定仁战胜不仁这一事物发展的规律。

我们懂得了这个道理，就不会在前进的道路上，只要遇上些困难或挫折就怀疑、退缩、止步不前，而是勇往直前，永不言败，一直走到终点。我们懂得了这个道理，就会更加坚定我们的远大理想，相信自己，相信世界，相信未来。

孟子善用譬喻，寓理鲜明生动，如"杯水车薪"一则，唐宋以后的文人学者屡屡引用，可见生命力之强劲。孟子行文，既妙于创造，又善于化用前人的语言典故，这里《容斋随笔》所指出的就是一例。

善教得民心

孟子曰："仁言不如仁声之入人深也①，善政不如善教之得民也。善政，民畏之；善教，民爱之。善政得民财，善教得民心。"

（节选自《尽心上》）

【注释】

①仁声：赵岐注："乐声雅颂也。"指音乐。

【译文】

孟子说："仁德的言语不如仁德的音乐那样深入人心，完善的政治不如完善的教育获得民心。完善的政治，百姓畏惧它；完善的教育，百姓喜欢它。完善的政治得到百姓的财富，完善的教育得到百姓的心。"

扩展阅读

政教之道而重于教

孟子此章论政教之道而重于教。言为人上者，有仁德之言，出乎身，加乎民，发号施令，非不能令行而禁止也；若夫有仁之声闻积之于平素，播之乡党朋友，则有以入人之耳，感人之心，沦于肌肤，入于骨髓，故人得之为尤深也。纪纲法度之施，出乎上，布乎下，非不能正其邪、禁其恶也；若夫有善教者，立学校，明礼义，则化之所及，民之所感，尤为深也。且善教何以得民之深哉？盖善政制之于外，故民畏其威而不敢犯；善教则感之于内，故民爱其德而不忍犯也。善政则以下奉上而民财得矣，未必得其心也；善教则以诚感诚而民心得矣，而财亦不能外也。畏之者外，爱之者内也；民财者外，民心者内也。其得民之浅深，此其所以有不同乎！

（明　湛若水《格物通》）

【译文】

孟子此章是讲政治与教育的道理，其中强调了教育的重要性。说的是，作为执政者，自己能够讲一些仁德的话，发自内心，施政于民，公布命令，并非不能令行禁止；如果平时多有仁爱的声名传播于乡亲朋友，日积月累，灌入人耳，感化人心，浸入体肤，融于骨髓，所以人民得到的教育就更加深入了。法规制度的实施，出于官府，发布于民间，并非不能纠邪禁恶；如果有懂得教育的人，兴办学校，阐明礼义，那么教化的深度、人民的觉悟，会有更大的提高。再说善教为什么深得民心呢？这是因为善政是从外界的社会方面予以制衡，人民是畏惧政治的权威而不敢违反；善教则是感化于内心，所以人民是爱惜道德而不忍心去犯法。善政是通过以下奉上而得到人民财物的，其实未必得到人民的拥戴；善教则是通过诚心感化而获得民心，而财物的征收也不是外在的强制。畏惧属于外，爱戴属于内；民财属于外，民心属于内。两者相比，其得到民心的浅深，显然有所不同。

点评

短短的几句话，却道出了几大门类的特色。“仁言”属于政治的说教，它对受众施加影响；“仁声”属于艺术的再现，它给予受众审美的享受；所以“仁声”比“仁言”更感人，也更令人接受，深入人心。“善政”是管理、约束人民的手段，而“善教”却是培养、教育人民的措施，两者各司其职，缺一不可。但是从国家的根本大计来讲，“仁教”比“仁政”更重要，更为当务之急。正是如此，我们应当重视教育事业，对教育投入更大的人力和财力。因为对于任何一个国家来讲，国家的发展与国家治理的好坏，全民受教育的水平及程度是最大的砝码。教育是国家兴旺发达的基础，是治理国家的根本。

民贵君轻

孟子曰："民为贵，社稷次之，君为轻。是故得乎丘民而为天子[①]，得乎天子为诸侯，得乎诸侯为大夫。诸侯危社稷，则变置。牺牲既成，粢盛既絜[②]，祭祀以时，然而旱干水溢，则变置社稷。"

（节选自《尽心下》）

【注释】

①丘民：朱熹注："田野之民。"杨伯峻注："丘，众也。"

②粢盛（zī chéng）：盛在祭器中的谷物。　絜（jié）：通"洁"。

【译文】

孟子说："百姓最为重要，土神谷神次要，君主为轻。所以得到百姓之心的成为天子，得到天子之心的成为诸侯，得到诸侯之心的成为大夫。诸侯危害国家，那就改立。牺牲已经肥壮，祭品也已洁净，祭祀也能按时进行，如果仍然发生旱涝灾害，那就另立土谷之神。"

扩展阅读

百姓为天

齐桓公问于管仲曰[①]："王者何贵？"曰："贵天。"桓公仰而视天。管仲曰："所谓天，非苍莽之天也，王者以百姓为天。百姓与之则安，辅之则强，非之则危，倍之则亡[②]。"

（汉　韩婴《韩诗外传》卷四）

【注释】

①齐桓公：春秋时齐国君主。　管仲：齐国大臣，辅佐桓公，富国强兵。

②倍：同"背"。

【译文】

齐桓公问管仲："君主以何物为尊贵？"管仲说："尊贵天。"齐桓公仰头视天。管仲说："所谓天，非指莽苍苍的上天，君主应以百姓为天。百姓跟从他就能安定，辅助他就会强盛，反对他就有危险，背离他就要灭亡。”

点评

“民为贵”的思想，源于西周时“敬天保民”的观念，孔子也曾提出“博施于民而能济众”的主张。孟子继承了这一传统观念，在百姓与君主、国家政权（即天下）三者关系上，明确提出了“保民而王”、“民为贵，君为轻”的观点。

“民为贵”并非指民最尊贵，而是指百姓在天下得失之间的价值与作用。孟子在《离娄上》中就阐释过：“桀纣之失天下也，失其民也。”“得天下有道，得其民斯得天下矣。”孟子正是总结了历史上的经验，并从民本思想出发，才认识到了“保民”、“得民”抑或“失民”，对君主来说，就是一个“得天下”与“失天下”的根本问题。而战国末期的荀子在这一点上说得更为鲜明，他把君主比喻为舟，把人民比喻为水，说：“君者舟也，庶人者水也，水则载舟，水则覆舟。”（《荀子·王制》）。

孟子“民为贵，君为轻”的思想是对专制集权制的有力冲击，因而也遭到了专制帝王的反对，例如明太祖就曾因孟子有过“民贵君轻”的议论，把他从孔庙中逐出。由于中国封建专制的强大与残暴，有补于统治阶级利益的重民思想一直得到了延续，而带有民主、民权思想萌芽的民贵君轻的思想却没有得到相应的发展。

管子关于“天”的一席话，说的正是孟子“民为贵”的意思，也是从民对君的作用这一角度来论述的。

理想人格的追求

推恩及人

［齐宣王］曰："不为者与不能者之形何以异[1]？"

［孟子］曰："挟太山以超北海[2]，语人曰：'我不能。'是诚不能也。为长者折枝[3]，语人曰：'我不能。'是不为也，非不能也。故王之不王，非挟太山以超北海之类也；王之不王，是折枝之类也。

"老吾老以及人之老，幼吾幼以及人之幼[4]，天下可运于掌。《诗》云：'刑于寡妻，至于兄弟，以御于家邦[5]。'言举斯心加诸彼而已。故推恩足以保四海，不推恩无以保妻子。古之人所以大过人者，无他焉，善推其所为而已矣。今恩足以及禽兽，而功不至于百姓者，独何与？

"权，然后知轻重；度，然后知长短。物皆然，心为甚。王请度之！"

（节选自《梁惠王上》）

【注释】

①形：形状，表现。

②太山：即泰山。　北海：即渤海。

③折枝：有三种解释，一指折取树枝，二指折腰行礼，三指按摩搔痒。后二种解释都是把“枝”读作“肢”。

④老吾老二句：“老吾老”中第一个“老”，作动词，敬爱的意思。“幼吾幼”中第一个“幼”，作动词，抚爱的意思。

⑤《诗》云四句：见《诗经·大雅·思齐》中第二章。刑，同“型”，示范的意思。御，治理。家邦，国家。

【译文】

齐宣王说："不肯干与不能干的情况有什么不同吗？"

孟子说："假如有人想挟着泰山跨过渤海，告诉别人说：'这我做不到。'这是真的不能做到。假如让他为老人搔痒，他说：'我做不到。'这是不去做，并非是不能做到。大王没有施行仁政王道，这不是属于想挟着泰山跨越渤海的一类；大王没有施行仁政王道，是属于为老人搔痒的一类。

"敬爱自己的长辈，进而推广到敬爱别人的长辈；疼爱自己的子女，进而扩大到疼爱别人的子女。做到这一点，天下的治理就像运转手掌中的东西一样容易。《诗经》里说：'先给妻子做出榜样，再推广到兄弟，进而扩大到国家的治理。'说的就是要把这种好的心意扩大开来，影响到其他方面就行了。所以由近及远地把恩惠推广开来，便足以安定天下；不推广恩惠，到头来连自己的妻子儿女都保不住。古代的圣贤所以大大地超过一般人，没有别的原因，就是善于推行他们的好品行罢了。而今，您的恩泽已经推广到了禽兽身上，而功德利益却还没有落在百姓头上，这究竟是为什么呢？

"称一称，才能知道轻重；量一量，才能知道长短。任何事物都是这样的，人的心更是如此。请大王考虑一下吧！"

扩展阅读

古人善推

"老老幼幼"而下，则告宣王以行仁之序也。圣人之视天下，莫不欲归吾仁，而其行则自近始，故亲亲而仁民，仁民而爱物，其序不可紊也。敬吾父兄，慈吾子弟，所谓亲亲也；推之以及人之父兄子弟，所谓仁民也。由是达之于天下，虽昆虫草木无不被其泽者，不过举此之心加诸彼而已。"推恩足以保四海"，此心流行，虽远必暨也；“不推恩无以保妻子”，此心壅遏，虽近不周也。由亲以及民，由民以及物，此古人之善推也。能及物而不能及民，此宣王之不善推也。

（宋　真德秀《大学衍义》）

【译文】

“老吾老以及人之老，幼吾幼以及人之幼”以下，是孟子告诉齐宣王实行仁政的次序。圣人对待天下，无不希望都归于圣人的仁爱，而真正做起来则是先从身边开始的，所以由亲近亲人而推广到亲近百姓，由亲近百姓而顾及事物，这个顺序是不能混淆的。敬爱我的父兄，慈爱我的子弟，这就是“亲亲”；推广顾及到他人的父兄子弟，这就是“仁民”了。由此推广到天下万物，昆虫草木无不受到恩泽，这不过是由此心加到彼身罢了。“推恩足以保四海”，是说这种心只要推广普及，再远的事物也能达到。“不推恩无以保妻子”，是说这种心如果被阻塞，就是近在身边的事物也不能周全。由亲人推及到百姓，由百姓推及到万物，这是古人善于推广。能顾及到事物而不能顾及到百姓，这是说齐宣王不善于推广啊。

点评

人的本能是趋利避害，求福消祸。孔子主张仁政，提倡仁爱，不希望人与人之间，彼此带来痛苦和灾难，因此教导他的学生说：“己所不欲，勿施于人。”就是说，你自己不愿意遭遇的事情，也不要强加在别人身上。这样才可以做到“在邦无怨，在家无怨”，不论在什么地方当官，都要让人家没有怨恨。

不把自己的所苦所恨加在别人身上，自己的所言所行不要让人家怨恨，这就是孔子仁爱的一种标准。而继承孔子仁爱学说的孟子，在仁爱的内涵和标准上，予以进一步的充实与提高。他的着眼点不再是“己所不欲”，而是提高到“己所欲”上，提高到“推恩及人”上。他讲的“老吾老以及人之老，幼吾幼以及人之幼”，至今仍不失金子般的光辉。

不断地提高自己的道德品质和志向操守，并以身作则去影响、帮助别人，把恩惠推广到周围的人，以至整个社会，这是多么高尚的行为啊！然而偏偏有人打着“我做不到”、“我不行”的挡箭牌，放弃完善自己。对此，孟子早已洞穿了这些人的心思，一针见血地辨明了“不去做”与“做不到”的本质不同，激励人们去做一个懂得爱人的良善之人。

再看宋儒真德秀的这段“古人善推”的文字，通俗准确地解释了孟子“推恩及人”的旨意，可使我们加深理解。

浩然之气

“敢问夫子恶乎长？”

曰：“我知言[①]，我善养吾浩然之气[②]。”

“敢问何谓浩然之气？”

曰：“难言也。其为气也，至大至刚，以直养而无害[③]，则塞于天地之间。其为气也，配义与道[④]；无是，馁也[⑤]。是集义所生者[⑥]，非义袭而取之也[⑦]。行有不慊于心[⑧]，则馁矣。我故曰，告子未尝知义，以其外之也。必有事焉，而勿正[⑨]，心勿忘，勿助长也。无若宋人然：

宋人有闵其苗之不长而揠之者[⑩]，芒芒然归[⑪]，谓其人曰：‘今日病矣[⑫]，予助苗长矣！’其子趋而往视之，苗则槁矣。天下之不助苗长者寡矣。以为无益而舍之者，不耘苗者也[⑬]；助之长者，揠苗者也，非徒无益，而又害之。”

（节选自《公孙丑上》）

【注释】

①知言：指对天下的言论，能够善于分析，辨明其是非之理。

②浩然：盛大流行之貌。

③直养：正养，指正确的养气原则。

④配义与道：配合义与道的修养。义、道均指优秀的品质、情操等精神方面。

⑤馁（něi）：指虚弱没有力量。

⑥集义：指义与道的长期修养和积累。

⑦非义袭而取之也：指浩然之气的培养不是做一件正义之事而能突然取到的。

⑧慊（qiè）：满足，快意。

⑨正：王夫之《孟子稗疏》："正者，征也，的也，指物以为征准使必然也。"即目标，目的。《毛诗·终风·序笺》："正犹止也。"亦通。

⑩闵（mǐn）：忧伤。 揠（yà）：拔。

⑪芒芒然：疲惫不堪的样子。

⑫病：指疲倦。

⑬耘：除草。

【译文】

公孙丑问道："请问您有什么特长？"

孟子说："我善于分析别人的言辞，也善于培养我的浩然之气。"

公孙丑又问道："请问什么叫浩然之气？"

孟子说："很难说明白。这种气，最宏大，最刚强。用正确的原则和方法去培养它，而不要伤害它，就会充满于四面八方，无所不在。这种气要跟义和道的修养相配合，如果缺乏它，也就虚弱无力了。这种气是正义的长期修养和积累所产生的，不是做一件正义之事而能突然得到的。一旦干了内心愧疚的事，这气就会衰弱。所以我说，告子从来就不知道什么是义，因为他把义看成了心外之物。我们一定要不断培养它，但不要有特定的目的，只要心中不忘记它，也不要勉强帮助它生长就可以了。不要像宋国人那样对待养气。

"宋国有个人担心他的禾苗不长而去拔高它，事后疲惫不堪地回到家里，对家里人说：'今天可把我累坏了，我帮助禾苗长高了！'他的儿子忙跑到地里一看，禾苗都枯萎了。天下的人不帮助禾苗生长的太少了。那些认为养气无益而放弃不做的人，就和种地不除杂草一样；那些违反规律助长养气的人，就和拔苗助长一样，非但没有好处，反而会伤害它。”

扩展阅读

名虽不同，为善则一

无垢曰[1]：《孟子》曰：“诚身有道，不明乎善，不诚其身矣[2]。”夫所谓善者，果何物哉？天理常明，无一毫之私欲，其遇事而见，或谓之仁义礼智，或谓之诚，或谓之浩然之气，名虽不同，其为善则一而已。

（宋　黄伦《尚书精义》）

【注释】

①无垢：亦称无垢居士，宋张九成之号。张九成研究经学，多有训解，著有《孟子传》、《横浦集》。

②语出《孟子·离娄上》。

【译文】

无垢居士说：孟子讲过：“要使自己诚心诚意待人待物有办法，首先要明白什么是善，如果不明白什么是善，也就不能使自己诚心诚意了。”这里讲的“善”，到底是什么呢？对于人来说，心中长存天理，没有一丝一毫的私欲，当他遇事所体现出来的，可以称为“仁义礼智”，也可以称为“诚”，也可以称为“浩然之气”，名称虽然不同，其本质为善则是一样的。

点评

孟子讲的“我善养吾浩然之气”的气，源于体内的一种物质的气。然而在孟子“浩然之气”的概念中，这种体内的气又与精神上的志气、气质、意气紧密相关，有时合而不分。在孟子看来，“志，气之帅”、“气，体之充”、“志壹则动气，气壹则动志”，彼此相互影响，相互作用。但决定人的思想意志和行为取向的“志”是最重要的，而“气”则是次要的。当一个人结合自己的“道义”修养，坚持不懈地培养自己的气，发展到“至大至刚”，充沛全身并“塞于天地之间”的时候，这样也就具有了自信自强、无所畏惧的精神境界。这样的人也就是具有浩然之气的人。

孟子关于浩然之气的论述，对后世士大夫及知识分子的人格精神培养起了重大的影响。南宋爱国志士文天祥被元朝拘禁三年而不屈，临刑前作《正气歌》以表志，其中所写“天地有正气，杂然赋流形”、“于人曰浩然，沛乎塞苍溟”等诗句就直接引用了孟子的浩然之气的论述。

孟子提出的“浩然之气”之说，内涵极为丰富、广博，它包括了人体科学、社会科学两大范畴。从人体科学这一角度探讨、论述的人太少了，有待弥补。从社会人文思想方面训解、发挥的很多。如宋人施德操在《孟子发题》中，把“明浩然之气”与“道性善”、“辟杨墨”等视为四大贡献之一。又如宋人张九成从“浩然之气”的道德本质和社会价值进行分析，认为“浩然之气”与“仁义礼智”、“诚”内涵相同。此类对理解孟子思想都有一定的帮助。

何谓大丈夫？

景春曰[①]：“公孙衍、张仪岂不诚大丈夫哉[②]？一怒而诸侯惧，安居而天下熄。”

孟子曰：“是焉得为大丈夫乎？子未学礼乎？丈夫之冠也，父命之[③]；女子之嫁也，母命之，往送之门，戒之曰：‘往之女家，必敬必戒，无违夫子！’以顺为正者，妾妇之道也。居天下之广居，立天下之正位，行天下之大道[④]：得志，与民由之；不得志，独行其道。富贵不能淫，贫贱不能移，威武不能屈，此之谓大丈夫。”

（节选自《滕文公下》）

【注释】

①景春：与孟子同时的人。纵横家。

②公孙衍：即魏国人犀首，当时著名的说客。张仪：魏国人，战国时代纵横家代表人物。曾经游说六国连横去服从秦国。

③丈夫之冠，父命之：古代男子到了二十岁就算成年人，行加冠礼，父亲给以训导。

④居天下之广居三句：朱熹对这三句的解释是，“广居，仁也。正位，礼也。大道，义也。”

【译文】

景春说："公孙衍和张仪难道不是真正的大丈夫吗？他们一发脾气，诸侯便都提心吊胆；冷静下来，可以让天下战火熄灭。"

孟子说："这个怎么能算大丈夫呢！你没有学过礼吗？男子举行加冠礼的时候，父亲给以训导；女子出嫁的时候，母亲给予训导，送她到门口，告诫她说：'到了人家里，一定要恭敬，心存警惕，不要违背丈夫。'以顺从为原则，这是妇女的立身之道。至于男子，理当住在天下最广大的住宅（仁）里，站在天下最正确的位置（礼）上，走在天下最宽广的大道（义）上。得志的时候，和百姓一起沿着大道前进；不得志的时候，也要独自坚持原则。只有做到富贵不能腐蚀我的心，贫贱不能改变我的志，威武不能扭屈我的节，这样才称得上男子汉大丈夫。"

扩展阅读

文如其人

仲尼，天地也[1]，颜子，和风庆云也[2]，孟子，泰山岩岩之气象也[3]。观其言，皆可以见之矣。

（程颢《二程遗书》）

【注释】

①仲尼：孔子名丘，字仲尼。　天地：喻高明而博厚。

②颜子：颜回，字子渊，孔子弟子。孔子称之“不迁怒，不贰过”。　和风庆云：喻和气祥光。

③岩岩：喻峻极不可逾越。

【译文】

孔子犹如天地，颜回犹如和风祥云，孟子犹如高山峻岭，气象庄严。只要观察他们的言语，就可以明白了。

点评

什么样的人才称得上是大丈夫呢？孟子提出了他的标准，即是：作为一个男子，要以天下为己任，以仁、义、礼为终生言行准则，为实现自己的伟大理想而坚持不懈，勇往直前。

不仅如此，他还要经受得起这样的考验：“富贵不能淫，贫贱不能移，威武不能屈。”这响当当的语言，真是掷地有声，千古生辉。如果我们能在金钱诱惑、贫困熬煎、强权压迫下，仍然不改心志，不放弃理想，那我们就是真正的强者，我们就是顶天立地的大丈夫！

当然，“大丈夫”的桂冠如今已非男性独享的东西，孟子时代及整个封建时代视妇女“以顺为正”的偏见谬说已经不复存在，女人同样可以做个“大丈夫”。“大丈夫”属于一切有大志、有恒心、有大无畏精神的进取者。

古人常说“文如其人”，宋代理学家程颢就据孔孟等圣人的言论，给予了相应的评价。而宋代大儒王应麟在《困学纪闻》中，接着程颢的话题，更为具体地指出：“富贵不能淫，贫贱不能移，威武不能屈，孟子泰山岩岩之气象也。”可见，孟子的“富贵不能淫云云，此之谓大丈夫”的论述，正是孟子自我人格的写照。

至诚动人

孟子曰："居下位而不获于上①，民不可得而治也。获于上有道，不信于友，弗获于上矣。信于友有道，事亲弗悦，弗信于友矣。悦亲有道，反身不诚②，不悦于亲矣。诚身有道，不明乎善，不诚其身矣。是故诚者，天之道也；思诚者，人之道也。至诚而不动者，未之有也；不诚，未有能动者也。"

（节选自《离娄上》）

【注释】

①获于上：得到上司的信任。

②反：返，及。

【译文】

孟子说："职位低下而又得不到上级的信任，就无法把百姓治理好。要得到上级的信任有办法，那就是首先要得到朋友的信任，如果得不到朋友的信任，也就得不到上级的信任了。要得到朋友的信任也有办法，那首先要得到父母的欢心，如果侍奉父母而不能使双亲高兴，朋友也就信不过他了。要得到父母的欢心有办法，首先要诚心诚意，如果自身心意不诚，那就不会使父母高兴了。要使自身诚心诚意也有办法，就是要明白什么是善，如果不明白善的道理，也就不能使自己诚心诚意了。所以说诚是自然的本质和规律，追求诚是做人的原则和途径。如果人的诚心达到了极致而不能使人感动，这是天下不曾有的事；反之，没有诚心也不可能有感人的事情。”

扩展阅读

诚者天之道

诚者，天之道也；诚之者，人之道也。诚者，不勉而中，不思而得，从容中道，圣人也。诚之者，择善而固执之者也。

（《中庸》第二十章）

【译文】

真诚无妄，这是自然的本质和规律；追求真诚，这是做人的本分和原则。达到真诚无妄的境地，就能不勉励而中的，不思虑而获得，自然从容地符合中庸之道，这就是圣人啊。尚在追求真诚无妄的人，也就是选择了善途而坚持前进的人。

点 评

孟子讲“诚”，把它放在了自然规律的高度；孟子提倡人要有“诚心”，把它视为做人的准则。那么“诚”到底是指什么呢？诚，即指真实不虚；诚心，即指真心实意。作为一个有修养的人，当他面对祖国、面对事业时，讲究的是忠诚；当他面对的是亲友、同学、同事时，讲究的是诚恳；当他面对的是真理时，讲究的是执着；当他面对的是错误时，讲究的是坦白率真……总之，我们在生活中所面对的一切，都应抱着一颗诚实无妄的心，因为世界是真实的，我们这颗认识世界的心也应是真实的。

那么，诚的根源及其作用是什么呢？孟子说，诚心诚意来源于对善的认识和追求。诚的修养从自身开始，人出生后最早最多接触的是父母，所以诚心诚意地孝敬父母，得到父母的赞许，实际上也就具备了让朋友信任的基础。能够获得朋友的信任，也就为被上级信任准备了条件。当一个人在工作中能够得到上级的信任，那么他的工作也就容易做好了。当然，诚的作用远远不止这些，它是人际关系和社会关系走向真善美的起点和终点。

《中庸》论“诚”，除此章外，还有“自诚明”、“诚者自诚”、“故至诚无息”若干章节，内容相当丰富。而《孟子》关于“诚”的论述，大义均来自《中庸》，足见渊源之所自。

君子贵本

徐子曰[①]："仲尼亟称于水[②]，曰：'水哉，水哉[③]！'何取于水也？"

孟子曰："源泉混混[④]，不舍昼夜，盈科而后进[⑤]，放乎四海。有本者如是，是之取尔[⑥]。苟为无本，七八月之间雨集，沟浍皆盈；其涸也，可立而待也。故声闻过情[⑦]，君子耻之。"

（节选自《离娄下》）

【注释】

①徐子：孟子的弟子徐辟。

②亟（qì）：屡次。

③水哉，水哉：孔子赞叹水的话，现无文字可考。《论语·子罕》有段论水的记载："子在川上曰：'逝者如斯夫，不舍昼夜。'"

④混混：段玉裁注："古音读作衮，俗字作滚。"

⑤科：坎。

⑥是之取尔："取是尔"的倒装句，取此而已。

⑦声闻（wèn）：声誉，名声。

【译文】

徐子问道："孔子多次称赞水，说：'水啊，水啊！'他到底觉得水有什么可取之处呢？"

孟子答道："有源头的泉水滚滚流出，昼夜不停，把低洼的地方灌满后，又继续往前奔流，一直流到大海。有本源的都是这样，孔子取它这一点罢了。如果没有本源，就像到了七八月间，雨水多，大小沟渠都满了，但是过不了多久也就干枯了。所以声望超过实情，君子认为是耻辱的事情。"

扩展阅读

孔子观于东流之水

孔子观于东流之水。子贡问于孔子曰："君子之所以见大水必观焉者，是何？"孔子曰："夫水，遍与诸生而无为也，似德。其流也埤下[①]，裾拘必循其理[②]，似义。其洸洸乎不淈尽[③]，似道。若有决行之，其应佚若声响，其赴百仞之谷不惧，似勇。主量必平，似法。盈不求概[④]，似正。淖约微达[⑤]，似察。以出以入，以就鲜絜[⑥]，似善化。其万折也必东，似志。是故君子见大水必观焉。"

（《荀子·宥坐》）

【注释】

①埤：通"卑"，低下。

②裾拘：水流或曲或直的样子。裾，通"倨"，直。拘，读为"钩"，曲。

③洸洸：滉滉，水流浩荡的样子。　淈：读为"屈"。

④概：平斗斛的木板。

⑤淖约：同"绰约"，柔弱。

⑥絜：同"洁"。

【译文】

孔子观察着东去的流水。子贡向孔子问道："您每每遇到大水一定要看，这是什么道理呢？"孔子说道："这水啊，普遍地滋养着万物而无私求，这好比圣贤之德。它向着低处奔流，或直行或弯曲，必定是依循着地形地理，这好比圣贤之义。它浩浩荡荡，不屈不挠，永无尽头，这好比圣贤之道。若遇到决岸开渠，它会如响应声般的奔逸前往，就是百丈深渊也无所畏惧，这好比圣贤之勇。水注入洼地，必定均平而后经过，这好比圣贤行为有法度。水注满容器后，不需要刮平而自平，这好比圣贤能够自正。水虽柔弱，却无微不至，这好比圣贤善于明察。万物出入于水则必鲜洁，这好比圣贤善于教化。它虽千折万曲，必定东流去，这好比圣贤之志不可夺。所以，君子遇到大水，必定不会错过观赏的机会。"

点评

孔子多次称赞水，而称赞的话流传下来的不多。《论语·子罕》中，记载了孔子赞叹河水"不舍昼夜"地奔流。其中也流露出孔子对大水的源源不断、奔流不息品格的赞许。

而孟子在这里点明了孔子称赞水的根本原因，那就是它的本源。有源之水，可以源源不断，天旱不虚，取之不尽，用之不竭；不达目的，决不休止……反之，无源之水，尽管一时壮阔，一时汹涌，一时显赫，然而洪水过后，却是一片干枯。以水喻人，其意自明。那些声望超过实际才能的、言过其实的、名不副实的、虚张声势的和拉大旗做虎皮的人，不就是无源之水吗？不正是正直的君子所痛恨所厌恶而视为无耻的人吗？

"孔子观于东流之水"一段，生动地描写了孔子对大水的赞叹，赋予了大水圣贤的人格品质。古今同此一水，孔子观之而明圣人仁义之道，孟子推之而明为学之有本源。那么，我们又在水的观赏中，体悟到什么呢？

求则得之，舍则失之

孟子曰："乃若其情，则可以为善矣，乃所谓善也。若夫为不善，非才之罪也。恻隐之心，人皆有之；羞恶之心，人皆有之；恭敬之心，人皆有之；是非之心，人皆有之。恻隐之心，仁也；羞恶之心，义也；恭敬之心，礼也；是非之心，智也。仁义礼智，非由外铄我也①，我固有之也，弗思耳矣。故曰：'求则得之，舍则失之。'或相倍蓰而无算者②，不能尽其才者也。《诗》曰：'天生蒸民，有物有则。民之秉彝，好是懿德③。'孔子曰：'为此诗者，其知道乎！故有物必有则；民之秉彝也，故好是懿德。'"

（节选自《告子上》）

【注释】

①铄（shuò）：朱熹注："以火销金之名，自外以至内也。"

②蓰（xǐ）：五倍。

③《诗》曰五句：见《诗经·大雅·烝民》第一章。蒸民：《诗经》作"烝民"。烝，众。则，法则。秉，秉赋。彝，常理。懿，美。

【译文】

孟子说："从天生的素质看，可以使它善良，这便是我所谓的人性善良。至于有些人不善良，不能归罪于他的素质。同情心，人人都有；羞耻心，人人都有；恭敬心，人人都有；是非心，人人都有。同情心属于仁，羞耻心属于义，恭敬心属于礼，是非心属于智。这仁义礼智不是由外人赋予我的，是我本来就有的，只是不曾思考求索罢了。所以说：'一经追求，便能得到它；一加放弃，便会失掉它。'人与人之间所以有的相差一倍、有的相差五倍甚至无数倍，就是因为有的人不能充分发挥他们的本性而造成差异的缘故。《诗经》中说过：'上天生育了众人，万事万物有法则。百姓掌握了规律，追求那美好品德。'孔子说：'这篇诗的作者，他是懂得道理的人啊！有事物便有法则规律，百姓掌握了这些不变的规律，所以喜欢美好的品德。'"

扩展阅读

求之有道，得之有命

孟子曰："求则得之，舍则失之，是求有益于得也，求在我者也[①]。求之有道，得之有命，是求无益于得也，求在外者也[②]。"

（《孟子·尽心上》）

【注释】

①我：自我。指内在的修为，如修仁行义等自性主导的行为。

②外：外物。如功名爵禄等外部附加于身的东西。

【译文】

索求则能得到，舍弃则会失去，这种索求有益于获得，因为这种索求的东西就在自身。索求有方法，得到它在于命运，这种索求无益于获得，因为这种索求的东西是由外部决定的。

点评

孟子主张人性善，认为善是人的本性。但孟子并不认为人有了善的本性就必然为善。他认为人所具有的善的本性，也可看作是人的资质，有了这个资质也就有了为善的基础、条件，就“可以为善”，孟子所说的人性善也是指的这一点。倘若从另一个角度说，如果有人不为善，不能说他的资质、本性出了问题，而是他在行为中忽略了善，丢掉了善，没有发挥和展示本性、资质中善的性质罢了。

孟子还从仁、义、礼、智四个善端来说明这一问题。他认为每个人都有的恻隐之心、羞恶之心、恭敬之心、是非之心，实际上就是每个人分别都有的仁、义、礼、智这四个善的方面，它们“非由外铄”，是“我固有”的，“求则得之，舍则失之”，这是人们在“仁义礼智”四方面所以千差万别的根本原因。孟子的这些观点有益于人们重视后天的修养和努力，弥补了“人性善”论客观上带来的缺欠和不足。

前文孟子讲“求则得之，舍则失之”，明白了求得舍失这一层关系后，还应该知道孟子“求之有道，得之有命”的论述，这样才能正确对待得失关系。

苟得其养，无物不长

孟子曰：“牛山之木尝美矣[①]，以其郊于大国也[②]，斧斤伐之，可以为美乎？是其日夜之所息，雨露之所润，非无萌蘖之生焉，牛羊又从而牧之，是以若彼濯濯也[③]。人见其濯濯也，以为未尝有材焉，此岂山之性也哉？

“虽存乎人者，岂无仁义之心哉？其所以放其良心者，亦犹斧斤之于木也，旦旦而伐之，可以为美乎？其日夜之所息，平旦之气，其好恶与人相近也者几希，则其旦昼之所为[④]，有梏亡之矣[⑤]。梏之反覆，则其夜气不足以存；夜气不足以存，则其违禽兽不远矣。人见其禽兽也，而以为未尝有才焉者，是岂人之情也哉？故苟得其养，无物不长；苟失其养，无物不消。孔子曰：‘操则存，舍则亡；出入无时，莫知其乡[⑥]。’惟心之谓与？”

（节选自《告子上》）

【注释】

①牛山：在齐国都城临淄南部。

②郊：用作动词，居。大国：指临淄。

③濯濯（zhuó）：无草木之貌。
④旦昼：犹明日。
⑤牿（gù）：同“梏”，圈禁。
⑥乡：通“向”，所向，趋向。

【译文】

孟子说：“牛山的树木曾经茂美一时，因为它长在大都市的郊外，屡遭斧锯的砍伐，这样一来，它还能保持茂盛吗？当然，它还在日夜生长着，还在接受着雨水露珠的润泽，并非没有新的枝条嫩芽长出来，但紧跟着的放羊牧牛，致使变成了那种光秃秃的样子。人们见到它那光秃秃的样子，还以为它不曾长过成材的树木，难道这是山的本性吗？

“在某些人身上，也存在类似的情况，难道他们就没有仁义之心吗？他们所以丧失了善良之心，也正像斧子对待树木一样，天天去砍伐，还能够茂美吗？他们日夜中所发出的善心，清晨中焕发出的朝气，他们的好恶之情，与一般人也有一些相近。可是到了第二天，他们的所作所为又把这些善的气息消蚀了。反复地消蚀，那么他们夜里所发出的善念自然就不能保存，夜里发出的善念不能保存下来，那么就跟禽兽相距不远了。人们只见他们近似禽兽的一面，以为他们根本就没有过善良的资质，这难道是他们的本质实情吗？所以说，假如得到养护，没有东西不会成长；假如失去养护，没有东西不会消亡。孔子说：‘把握它就存在，放弃它就消失；出入没有固定的时候，也不知所向何方。’这是针对人心说的吧。”

扩展阅读

论养之义

论养之义，古今唯《孟子》为详。曰“养其一指，失其肩背”，曰“舍其梧檟，养其樲棘”，此《易》之观颐之方也。曰“养其大者为大人，养其小者为小人”，曰“无尺寸之肤不爱焉，无尺寸之肤不养也”，此《易》之“自求口实”之象也[1]。至于养之之道，又尽见于“浩然之气”、“揠苗不耘”之喻[2]。又曰：“苟得其养，无物不长；苟失其养，无物不消。”学如孟子，然后可以言颐。

（宋　冯椅《厚斋易学》）

【注释】

①以上四处引文，参阅本书下节《无以小害大，无以贱害贵》。《周易·颐》卦辞说：“观颐，自求口实。”《彖辞》说：“自求口实，观其自养也。”颐：养，“口食物以自养，故为养义”。(《周易本义》)。

②参阅本书《浩然之气》节。

【译文】

阐述“养”的道理，古往今来唯有《孟子》最为详尽。他说：有这样的人，“只顾保养一个手指头，却丧失了肩背”；“放弃梧桐、楸树，却去养护酸枣、荆棘”，这正是《周易》所讲的观察颐养的方法。还说：“保养身体，注重培养大的方面（如道德品质）的人是为大人，只是讲究满足细小方面（如口腹之欲）的人是为小人”；“没有一尺一寸的肌肤不爱惜，没有一尺一寸的肌肤不保养”，这正是《周易》

"口食物以自养"的体现。至于颐养的原则，又详尽地见于"浩然之气"、"揠苗不耘"两则寓言上。还说："假如得到滋养，没有东西不会生长；假如失去滋养，没有东西不会消亡。"学问达到孟子的高度，然后才能言明颐养的深意。

点评

孟子把人性的仁义善良比喻为一座林木茂盛的美山，而这座美山一旦遭到日复一日的砍伐，遭遇过度放牧的损害，美山也不再是林木茂盛，而是光秃秃的丑山了。孟子把美山的破坏过程比喻为人类善心的丢失过程，并得出一个带有普遍性的结论，"苟得其养，无物不长；苟失其养，无物不消"。比喻生动精当，结论也富于哲理，值得我们深思。

孟子在人性上主张善良，在政治上主张仁政，在做人上主张爱人，这些都是孟子对人提出的理想要求，也是他的美好愿望。为了这一理想的实现，孟子提出了"养"的观点，即社会环境要对善良的东西予以保护和培养，个人在日常生活中要把握住自己的善心并坚持不懈地加以培育。这些观点，至今为止对我们的成长发展也是大有益处的。

冯椅指出，孟子论养之道尤为详尽，读了孟子完整的论述，更加认识到《周易·颐》的深刻含义，也从卦体的口食养体之象，推及养人、养正、养德、养贤，以及万物天地的大养。

无以小害大，无以贱害贵

孟子曰："人之于身也，兼所爱。兼所爱，则兼所养也。无尺寸之肤不爱焉，则无尺寸之肤不养也。所以考其善不善者，岂有他哉？于己取之而已矣。体有贵贱，有小大[①]。无以小害大，无以贱害贵。养其小者为小人，养其大者为大人。今有场师，舍其梧槚[②]，养其樲棘[③]，则为贱场师焉。养其一指而失其肩背，而不知也，则为狼疾人也[④]。饮食之人，则人贱之矣，为其养小以失大也。饮食之人无有失也，则口腹岂适为尺寸之肤哉[⑤]？"

（节选自《告子上》）

【注释】

①体有贵贱二句：体：身体，这里包括心志、精神。贱、小：指口腹。贵、大：指心志。

②梧槚（jiǎ）：梧桐和楸树，都是好的木料。

③樲（èr）棘：酸枣和荆棘，都属于不成材的植物。

④狼疾：同"狼藉"。

⑤适（chì）：通"啻"，仅仅，不过。

【译文】

孟子说："人们对待自己的身体，处处都爱惜。处处爱惜便处处都保养。没有一尺一寸的肌肤不去爱惜，也就没有一尺一寸的肌肤不去保养。所以考察一个人是善还是不善，哪有别的方法，就看他所注重的是身体的哪一部分罢了。人的身体有重要部分，也有次要部分；有小的部分，也有大的部分。不要因为小的部分损害大的部分，也不要因为次要的部分损害重要的部分。着意保养小的部分的就是小人，着意保养大的部分的就是君子。假如有一位园艺师，舍弃他的梧桐、樌树，却去护养园中的酸枣、荆棘，那就是一位很糟糕的园艺师。如果有人只保养自己的一个手指，却放弃了肩背，自己还认识不到，那简直是个糊涂透顶的人。对于只讲究吃喝的人，人们都会轻视他，因为他保养了小的部分而丧失了大的部分。如果讲究吃喝的人并没有放弃对心志的修养，那么，吃喝的目的难道仅仅是为了满足那小小的口腹之欲吗？"

扩展阅读

不溺于口腹之欲

夫为显官而嗜菜，其善有三焉：不溺于口腹之欲，所以养身也；安乎己所易致而不取众之所争，所以养德也；推菜之味以及乎人，俾富贵贫贱同享其利而于物无所害[①]，所以养民也。

（明　方孝孺《逊志斋集·味菜轩记》）

【注释】

①俾（bǐ）：使（达到某种效果）。

【译文】

身为显赫的大官，却嗜好蔬菜，它的好处有三个方面：一是不沉溺于大吃大喝的口腹之欲，所以能够护养身体；二是安心于饮食来源容易得到而不与众人去争夺，所以能够培养道德；推广蔬菜的营养美味让大家都喜欢它，让富贵与贫贱的人同享蔬菜的益处而对生态环境却无伤害，所以能够养育人民。

点评

人在物质性、生物性方面，也属于动物一类，然而人所以成为人而不是动物，就在于人所具有的思想性和社会性。早在两千年以前，孟子就对人的生物性与社会性的区别及其辩证关系有了深入的认识。他讲的“体有贵贱小大”，说的就是人身所具有的肉体与思想心志两部分，并指出思想心志部分比肉体部分更重要、更值得重视。他认为，只注重保养身体的人，只能是一个小人物；只有培养心志、道德完善的人才能成为君子，才能成就大事业。

孟子虽然告诫人们不要只顾肉体的养护而放弃思想心志的修养，但他并不反对人身对生理性的需求。他认为，对于那些讲究吃喝、保养身体的人，只要他没有放松对自己心志的培养，那么，这吃喝的目的就不再是单纯的满足口腹之欲，而同时也为心志的修养与实现提供了坚实的体格基础。这些论述，一方面反映了孟子的理想主义的人性思想，另一方面也反映了孟子对人自身的客观规律的认识。

孟子论养有道，明人方孝孺进而提出了一个具体“养”的方法，那就是素食。素食之高明处，方孝孺讲得很清楚了，我们不妨一试。

生于忧患而死于安乐

孟子曰："舜发于畎亩之中①，傅说举于版筑之间②，胶鬲举于鱼盐之中③，管夷吾举于士④，孙叔敖举于海⑤，百里奚举于市⑥。故天将降大任于是人也，必先苦其心志，劳其筋骨，饿其体肤，空乏其身，行拂乱其所为，所以动心忍性⑦，曾益其所不能⑧。人恒过，然后能改；困于心，衡于虑⑨，而后作；征于色，发于声，而后喻。入则无法家拂士，出则无敌国外患者⑩，国恒亡。然后知生于忧患而死于安乐也。"

（节选自《告子下》）

【注释】

①舜发于畎亩之中：相传舜曾经在历山耕过田。

②傅说（yuè）举于版筑之间：傅说在傅险筑墙时，被武丁找到，举为相。版筑：古人筑墙，用两板相夹，中间填土，然后用杵筑实。

③胶鬲举于鱼盐之中：朱熹注："胶鬲遭乱，鬻贩鱼盐，文王举之。"

④管夷吾举于士：管仲从狱官手里被释放举用。管夷吾，即管仲，春秋初期政治家。由鲍叔牙推荐，被齐桓公任命为卿，帮助齐桓公成为春秋时期第一个霸主。士：狱官

之长。

⑤孙叔敖举于海：朱熹注："孙叔敖隐处海滨，楚庄王举之为令尹。"

⑥百里奚举于市：百里奚（徯）从交易场所里被秦穆公以五张牡黑羊皮赎回，用为大夫，世称五羖大夫。

⑦忍性：赵岐注："坚忍其性。"

⑧曾：同"增"。

⑨衡于虑：赵岐注："衡，横也。横塞其虑于胸臆之中。"

⑩入则无法家拂士二句：赵岐注："入，谓国内也。出，谓国外也。"拂：假借为"弼"，辅佐，匡正。

【译文】

孟子说："舜从田野中发展起来，傅说从筑墙工作中被举用，胶鬲从鱼盐业中被举用，管夷吾从狱官的手里被释放而提举出来，孙叔敖在海滨被举用，百里奚从交易市场里被举用。由此看来，上天准备把重任降给一个人时，必定先要苦闷他的心绪，劳动他的筋骨，饥饿他的口腹，困乏他的身子，让他的作为总是受到干扰，这样一来，就激发了他的志气，磨炼了他的性格，增长了他的才干。人经常有过错的时候，就知道怎样去改正了；心情困苦、思虑堵塞的时候，就会叫他奋发振作、有所作为了；他的思想意识表现在脸色上，流露在言谈中，而后就被别人理解了。对于一个国家讲，内无执法的大臣和敢于诤谏的谋士，外无相与抗衡的邻国和外患的忧虑，这个国家就很容易灭亡。了解了这些后，我们也就知道了忧虑和患难足以使人生存，安逸和享乐足以使人灭亡的道理。"

扩展阅读

忧劳可以兴国，逸豫可以亡身

书曰："满招损，谦受益[①]。"忧劳可以兴国，逸豫可以亡身，自然之理也。故方其盛也，举天下之豪杰莫能与之争；及其衰也，数十伶人困之，而身死国灭，为天下笑。夫祸患常积于忽微，而智勇多困于所溺，岂独伶人也哉！

（宋　欧阳修《五代史伶官传序》）

【注释】

①语出《尚书·虞书·大禹谟》。

【译文】

《尚书》中说："自满招致损害，谦虚带来利益。"忧劳可以复兴国家，逸豫可以导致丧命，这是自然的规律。所以当一国一君强盛的时候，就是聚集天下的英雄好汉也不能与他相争；到他（它）衰弱的时候，有几十个优伶戏子困扰他，就能使他身死国灭，被天下人耻笑。祸患灾害总是从细微处萌生积累，而人的智慧勇敢也往往被溺爱的东西所困顿，岂止是这些优伶呢？

点评

忧愁和患难，它给人带来痛苦，是件坏事，人人都想躲避它。然而人在忧患中，只要不气馁，不放弃，总结经验，吸取教训，反而更坚强，更成熟，更富有活力。

安逸和享乐，它给人带来幸福，是件好事，人人都想得到它。然而人在安乐中，容易忘乎所以，一旦沉溺，一旦萎靡，心志迷失，事业衰退，继之而来的将是衰落灭亡的境地。

这就是好事可以转化成坏事，坏事可以转化成好事的事物发展变化的客观规律。

"生于忧患而死于安乐"，这忧患与安乐、生存与灭亡两个对立统一体的转化的契机在于人的态度。不论是个人还是国家，当处于困苦灾难时，只要态度正确，美好的理想不动摇，远大的目标不放弃，人的毅力、能力、创造力及承受力都会在磨难中提高增强，必定会从困境中脱身而走向生气勃勃的胜境。而当处于安乐的环境时，只要态度端正，不满足现状，不沉湎安逸，朝着既定的理想和目标继续努力，就不会酿造悲剧，就不会让大好形势逆转。

欧阳修撰有《新五代史》，他在写《伶官传》时，深感后唐庄宗盛衰之转变，在传记之首写下了如上一段序论（这里只选录了一节）。此序"忧深思远，词严气劲，千万世之龟鉴，隐然言意之表"（宋人楼昉语），可作为《孟子》"生于忧患而死于安乐"的史证。

观物阅世的见解

以意逆志

咸丘蒙曰[①]：“舜之不臣尧，则吾既得闻命矣。《诗》云：‘普天之下，莫非王土；率土之滨，莫非王臣[②]。’而舜既为天子矣，敢问瞽瞍之非臣[③]，如何？”

孟子曰：“是诗也，非是之谓也；劳于王事而不得养父母也，曰：‘此莫非王事，我独贤劳也[④]。’故说诗者，不以文害辞[⑤]，不以辞害志；以意逆志[⑥]，是为得之。如以辞而已矣，《云汉》之诗曰：‘周余黎民，靡有孑遗[⑦]。’信斯言也，是周无遗民也。

孝子之至，莫大乎尊亲；尊亲之至，莫大乎以天下养。为天子父，尊之至也；以天下养，养之至也。《诗》曰：‘永言孝思，孝思维则[⑧]。’此之谓也。《书》曰：‘祗载见瞽瞍，夔夔齐栗，瞽瞍亦允若[⑨]。’是为父不得而子也？”

（节选自《万章上》）

【注释】

①咸丘蒙：孟子的弟子。

②《诗》云五句：见《诗经·小雅·北山》第二章。《诗

序》："《北山》，大夫刺幽王也。役使不均，己劳于从事，而不得养其父母焉。"率：循。

③瞽瞍（gǔ sǒu）：舜的父亲。

④此莫非王事，我独贤劳：亦见《诗经·小雅·北山》。贤劳：《毛传》："贤，劳也。'贤劳'犹言劬劳。"

⑤文：文字，文采。辞：言辞。

⑥逆：揣测。

⑦《云汉》之诗曰三句：见《诗经·大雅·云汉》第三章。孑（jié）：余。

⑧《诗》曰三句：见《诗经·大雅·下武》第三章。

⑨《书》曰四句：见《尚书·大禹谟》。祗：敬。载：事。夔夔（kuí）齐栗：敬慎恐惧的样子。

【译文】

咸丘蒙说："舜没把尧当做臣子，我已经领受你的教诲了。《诗经》说过：'整个天下没有一块不是天子的土地，环绕土地周围的没有一个不是天子的臣民。'如果舜既然已经做了天子，请问瞽瞍却不是臣民，这又是为什么呢？"

孟子说："这首诗不是你所理解的那个意思，而是说写诗的人，因为王事勤劳，顾不上侍奉父母，就像诗中说的那样：'这些事没有一件不是天子的事，为什么只有我一个人操劳呢？'所以解说诗的人，不要因为表面文采来损害言辞，不要因为言辞而损害作品的内容，要用自己的心得体验作品的内容，这样就会真正理解了作者的旨意。假如拘泥于文字言辞，那么像《云汉》诗中写的'周朝剩余的百姓没有一人存留'，如果相信了这句话的字面意思，就是周朝的百姓都不存在了。

孝子最大的孝，莫过于尊敬父母；尊敬父母做到了极点，莫过于拿天下来奉养父母。瞽瞍身为天子的父亲，可说是尊贵到了极点；舜以天下来奉养他，可说是达到了奉养的顶点。《诗经》中说过：‘永远地提倡孝道，孝道是天下的法则。’正是这个意思。《书经》又说过：‘舜恭恭敬敬地来见瞽瞍，心怀敬畏，态度谨慎，瞽瞍也便顺乎情理接受下来。’这怎么说是父亲不能够以他为儿子呢？”

扩展阅读

读诗之法

古之能知诗者，惟孟子为以意逆志也。夫《诗》之志至平易，不必为艰险求之。今以艰险求《诗》，则已丧其本心，何由见诗人之志？①

（宋　张载《张子全书》）

【译文】

在古代，真懂诗的只有孟子，因为他提出了“以意逆志”的说诗之法。《诗》的创作及所要表达的志向，其实是很平易的，不必挖空心思、着意险僻去求索。现在有人专走艰难险僻之路去探求《诗》义，其实早已丧失本心，哪里能够再现诗人心志呢？

点　评

“不以文害辞，不以辞害志；以意逆志，是为得之。”孟子对解说《诗经》的这些要求，已经成为后人阅读、理解、阐释作品，特别是文学作品的科学方法，并用这种方法来理解文章修辞的意义和作用。

南朝齐梁时期的著名文学理论批评家刘勰，在他的《文心雕龙·夸饰》中，就论述了这一点。他说：“从开天辟地以来，牵涉到声音形貌的，用文辞来表现，夸张的手法长期被运用着。虽然

《诗经》《书经》用的是通行语言，用来教化世俗，训导世人，所用事例应该广博，文辞也要求有所夸饰。因此，说高便说‘山高碰着天’，说狭窄便说‘黄河里放不下一条小船’，说多便说‘子孙成千上亿’，说少便说‘百姓没有一个留下来’……话虽过分，在表达意义上并没有妨碍。再像苦菜的味道是苦的，哪有因为生长在周家的原野上就会变成甜的呢？这些话的用意都在于加强赞美，所以在事理上变成夸饰。可它们是大圣人所采录，用来传世，作为后人的典范。这正如孟子说的，‘说诗者不以文害辞，不以辞害意’”。

以上是刘勰从修辞手法的角度，就如何理解“不以文害辞，不以辞害意”所作的很有见地的说明。孟子还有一句话就是“以意逆志，是为得之”，讲的却是阅读作品和理解作品的一种过程。这种过程是主客观交融统一的过程。“以意逆志”，“意”为读者自身原有的在社会生活中获得的认知力和理解力，尽管每个人的认识与理解能力大小各异，但具备它则是阅读的必备条件，也就是说有了主观的“意”才能去阅读客观的作品。“志”就是作品的内容，这内容源于作者的思想活动和主观意图，而载体就是文字和言辞（大多是带有修饰性的文字和言辞）。读者通过文字言辞去认知理解作品的内容，这个过程就是“逆”。“逆”除了有揣度、理解、认知的意思外，还有个逆返之意，即读者带着自己的理解力通过文字言辞的载体了解了作品的内容，从而理解和获得了作者写作的思想活动及其意图。也就是说，作者怀着某种动机、目的、意图、主旨而完成的作品，经过读者运用自身的理解力去阅读作品，从而了解了内容，理解和获知了作者的思想意图，这个作者意图的再现也是个逆返的过程。当然，由于读者的生活经历、社会环境、知识结构、情趣爱好、思想习惯、审美取向等等差异，对于同一部作品却不会有完全相同的理解，俗话说“有一千个观众就有一千个哈姆雷特”，说的就是这个道理。从读者与作者的两方面来讲，读者永远不会完全理解和获知作者的思想意图，因为作品一旦完成，它就是一个客观的存在，作者在创作过程中的一切思想活动都已经成为过去，永远不会原封不动地再现。所以说“以意逆志”是一个可以无限反复的认识过程，每次过程所感知的东西也不会完全一样的。这就是孟子“以意逆志”说在文学鉴赏和审美认知上的特殊贡献。

宋代朱熹、吕祖谦辑有《近思录》，他们选了此段并注道：“人情不相远，以己之意，迎彼之志，是为得之。诗以感遇而发于人情之自然，本为平易，今以艰险之心求诗，则已失吾心之自然矣，而何以见诗人之心？”可参读。

张载视孟子为古人中唯一懂得诗的人，这是赞许“以意逆志”在阅读文学作品时所起的关键作用。掌握它，才能成为懂得文学作品的人。

天时不如地利，地利不如人和

孟子曰：“天时不如地利，地利不如人和[①]。三里之城，七里之郭[②]，环而攻之而不胜。夫环而攻之，必有得天时者矣；然而不胜者，是天时不如地利也。城非不高也，池非不深也，兵革非不坚利也[③]，米粟非不多也，委而去之，是地利不如人和也。故曰：域民不以封疆之界[④]，固国不以山溪之险，威天下不以兵革之利。得道者多助[⑤]，失道者寡助。寡助之至，亲戚畔之[⑥]；多助之至，天下顺之。以天下之所顺，攻亲戚之所畔，故君子有不战，战必胜矣。”

（节选自《公孙丑下》）

【注释】

①天时、地利、人和：此文天时指气候变化对战事的影响，地利指山川险阻和城防工事，人和指人心所向和君民团结。

②三里之城，七里之郭：城，指内城；郭，指外城。内外城的比例一般是三里之城而五里之郭，或是五里之城而七里之郭。

③兵革：兵：戈、矛、刀、箭一类武器。革：皮革所制甲胄之类护身物品。

④域：界限。

⑤得道：指得到治国之道，即指实行仁政。

⑥畔（pàn）：同“叛”。

【译文】

孟子说：“有利的天候气象不如有利的地理环境，有利的地理环境不如人们的团结一致。例如一个内城方圆三里、外城方圆七里的小城，敌人围攻它而不能取胜。在包围攻城的日子里，一定会有合乎天时的战机，却不能取胜，这就说明了占有天时的比不过占有地利的。又如城墙并非不高，护城河也并非不深，兵器甲胄并非不锐利和坚固，粮食并非不充足，然而敌人一旦攻来，便弃城而跑，这就说明了占有地利的不如人们的齐心协力。

“所以我说，限制百姓的流失不能仅靠国家的疆界，巩固国防不能全靠山川的险要，威行天下不能全凭武器装备的优良。实行仁政的人便能得到多方的帮助，远离仁政的人就会很少得到别人的帮助。帮助的人少到极点时，就连亲戚都会反对他；帮助的人多到极点时，全天下的人都会归附他。凭着全天下归附的力量，去攻打那众叛亲离的人，或许仁君圣主不用战争解决问题，一旦使用战争，必定是一战即胜。”

扩展阅读

应天顺人

臣闻三代之得天下也，得其民也。“得其民有道，得其心也。得其心有道，所欲与之聚之，所恶勿施尔也。”是则得民之道，在察其心之所欲，与其心之所恶而已。此古所以有“天时不如地利，地利不如人和”之语。求民之和，岂必家至户到，一一而求之哉！应天顺人，承天下之大顺，则民不期和而自和矣。

（宋　宗泽《宗忠简集·乞回銮疏》）

【译文】

臣下听说夏商周三代所以能够得到天下政权，是因为得到了人民。“得到人民有方法，就是要获得民心。得到民心有方法，就是人民想要的就给予他，使他更加富有，而所讨厌的就不要强加在他们身上。”这里讲获得人民的方法，不过在于明察他们心中所希望的与所厌恶的东西罢了。这就是为什么古人有"天时不如地利，地利不如人和"的话。追求人民的团结，哪里有必要跑到百姓家里，一一许愿请求呢？只要顺应天理民心，继承天下大顺的形势，那么人民就不期待和而自和了。

点评

把人与自然分为三个方面来考察，最早记载见于《周易·系辞传下》的天道、地道、人道的三才之说。早在周代，人们就已经认识到仰观天文，俯察地理，中解人事的重要性了。并在天地人三者关系中，确认了天之时机、地之物利、人之协和的关键作用，"天时、地利、人和"成为人们常说的成语。例如《荀子·王霸》中就说过，如果农夫肯尽力，不要奸，就"能上不失天时，下不失地利，中得人和而百事不废"。

确实，做一件事如果能够同时获得天时、地利、人和三个方面的帮助，那就太完美了，事情必定成功无疑。然而人们也知道，如果争取到三美集于一身，这是很难办到的事情，因此在一般情况下，认清三者的轻重之分，要害之别，往往成为事业成败的关键。对此，孟子提出了"天时不如地利，地利不如人和"的论断，并以这三者在战争中的不同作用及结果加以论证。

孟子不仅从战争的现象上说明"人和"的至关重要性，而且进一步从理论上揭示了"人和"重于"天时"、"地利"的根本原因，那就是"得道多助，失道寡助"。

由于当时的论述是针对君主公卿这些当权者而发的，所以"得道"与"失道"的"道"主要是指仁政。然而由于这个论断道出了人事关系以及人与自然关系的真谛，符合事物发展的规律，所以至今为人们所乐道，而这"道"的含义不仅是指仁政，而更多的是指正义和真理了。

扩展阅读的作者宗泽是宋代文武双全的人物，初仕郡县就颇有政绩。金人入侵，宋高宗南渡，宗泽曾上疏二十多章请帝还京，俱为奸人阻抑。此《乞回銮疏》，就是其中一章。乾隆帝《读宗泽忠简集》说："偶阅宗泽《忠简集》，爱其《乞回銮》诸疏，不忍释手。既终卷，乃知章凡二十四上，而高宗漠然也。夫南渡去今，乃六百余年，读其疏者，未尝不嘉其血诚，赏其卓识，叹其孤忠，欲为堕泪。"《乞回銮疏》所述有关时政建言，因本书题旨所限，未能展现在读者面前，只是截取了有关论孟子"民和"的一段。然而仅此一段文字，就体现了宗泽所受孟子思想之深，不仅语言相似，文风相似，其心识亦相似，乾隆帝嘉赏的"血诚"与"卓识"，不也源自这里吗？

目之于色有同美

孟子曰："……口之于味，有同耆也[①]，易牙先得我口之所耆者也[②]。如使口之于味也，其性与人殊[③]，若犬马之与我不同类也，则天下何耆皆从易牙之于味也？至于味，天下期于易牙，是天下之口相似也。惟耳亦然。至于声，天下期于师旷[④]，是天下之耳相似也。惟目亦然。至于子都[⑤]，天下莫不知其姣也[⑥]。不知子都之姣者，无目者也。故曰，口之于味也，有同耆焉；耳之于声也，有同听焉；目之于色也，有同美焉。至于心，独无所同然乎？心之所同然者何也？谓理也，义也。圣人先得我心之所同然耳。故理义之悦我心，犹刍豢之悦我口[⑦]。"

（节选自《告子上》）

【注释】

①耆：通"嗜"，爱好，欲望。

②易牙：春秋齐桓公幸臣。雍人，名巫，亦称雍巫。擅长调味。其故事散见《左传》僖公十七年、《史记·齐太公世家》、《大戴礼·保傅》等古籍。

③与人殊：即"人与人殊"，原文省一"人"字。

④期：期待，希求。师旷：春秋晋平公的乐师，古代有名的

音乐家。字子野。生而目盲，善辨声乐。其事迹散见《逸周书·太子晋》、《左传》襄公十四年、《国语·晋八》及周秦诸子。

⑤子都：《诗经·郑风·山有扶苏》："不见子都"，《毛传》云："子都，世之美好者也。"

⑥姣（jiāo）：美貌。

⑦刍豢：泛指家畜。

【译文】

孟子说："……口的味觉，有相同的嗜好，所以易牙早就搞清了我们所喜好的口味。倘若口的味觉，人与人不相同，就像狗、马的口味跟我们人类不一样，那么为什么天下的人都认从易牙烹调出的味道呢？谈到味道，天下的人都期盼达到易牙的水平，可见天下人的口味相似啊。耳的听觉也是这样。谈到音声，天下的人都希望达到师旷的水平，这反映了天下人的听觉都差不多。眼的视觉也是这样。谈起子都，天下的人没有不知道他的美貌。感觉不到子都美貌的，那是没有眼睛的人。所以说，口对于味道有相同的嗜好；耳对于声音，有相同的听觉；目对于颜色，有相同的美感。谈到心，难道就偏偏不相同了吗？心的相同点在哪里呢？在于理和义。圣人首先发现了我们心灵上相同的地方。因此，理义可以使我们心里愉悦，就好比猪羊肉合乎我们的口味一般。"

扩展阅读

缘耳而知声，缘目而知形

何缘而以同异[①]？曰：缘天官[②]。凡同类、同情者，其天官之意物也同[③]，故比方之疑似而通[④]，是所以共其约名以相期也[⑤]。

形体、色、理，以目异[6]，声音清浊、调竽奇声，以耳异[7]，甘、苦、咸、淡、辛、酸、奇味，以口异，香、臭、芬、郁、腥、臊、漏、庮、奇臭，以鼻异[8]，疾、养、沧、热、滑、铍、轻、重，以形体异[9]，说、故、喜、怒、哀、乐、爱、恶、欲，以心异[10]。心有征知[11]。征知则缘耳而知声可也，缘目而知形可也，然而征知必将待天官之当簿其类然后可也[12]。

（《荀子·正名》）

【注释】

①何缘而以同异：根据什么区别名称的相同和不同。

②天官：指人的感觉器官。因每个感觉器官各司其主，故称天官。

③意：料想。

④比方：归并比附。

⑤约名：共同约定的名称。　期：期会，交往。

⑥理：花纹。

⑦调竽：指调治乐器，从事吹奏。　奇声：异声，指各种声调。

⑧香、臭、芬、郁：各种香味。　腥：猪气味。　臊：狗气味。　漏：原作“洒”，据文意改。马膻气味称漏。　庮(yóu)：原作“酸”，据文意改。牛膻气味称庮。

⑨疾：痛。　养：同“痒”。　沧：寒。　铍：一说是“钑”的误字，同“涩”。

⑩说：释，开怀。　故：通“固”，闭锢。

⑪心有征知：意谓心有对感觉到的事物进行分析辨别的能力。征，考察，验证。

⑫簿：读作“薄”，接触。此句谓：心有验证的能力，那么依靠听觉器官才能辨别声音，依靠视觉器官才能辨别形状，这样看来，心的验证能力必须依靠感觉器官接触到某

一类事物时，而后才能发挥作用。

【译文】

根据什么来区别名称的相同与不同呢？答说：根据自然具有的感官。凡是对于相同种类、相同情状的事物，人们的感官所产生的感觉和印象也是相同的，因此通过比对、归纳，能够摹仿出大体相当而又能彼此意会理解的东西来，这就是人们所以要共同约定各种事物的名称，以便相互交流、沟通的缘故。各种形体、色彩、纹理，它是用眼睛来分别的；声音的清晰与混浊、乐曲的和谐与杂乱，它是用耳朵来辨别的；甜、苦、咸、淡、辣、酸及奇特之味，它是用口腔来分辨的；香、臭、芬、郁等香气与腥、臊之气、马膻气、牛膻气、奇特气味，它是用鼻子来区分的；痛、痒、寒、热、滑、涩、轻、重，它是用身体来识别的；开怀、闭锢及喜、怒、哀、乐、爱、恶、欲，它是因心志而体现不同的状态。心对感觉、印象有考察验证的作用。这个验证过程，则是借助耳朵来辨析音声，借助眼睛来察知形状，由此看来，心的验证能力必须等到感官接触一定的事物后，才能有所表现。

点评

“目之于色有同美”，这是孟子对审美共性的一个著名论断。人类的共同美感的产生，源于人类有着共同的感觉器官，人类的相同的感觉器官构成了这种共同美感的生理基础。无疑，这种认识是正确的。孟子把美感的共同性延伸到思维领域，认为人生下来就对理义都有共同的爱好，这同他认为人生下来就有善心一样，都有失于片面和绝对化的倾向。

读完《荀子·正名》节，若与孟子“目之于色有同美”一节相比较，我们就会发现在对审美主客体关系的认识上，荀子已经有了很大的提高。“与孟子那种由感觉之悦到仁义之悦的感觉与心的关系的简单认识不同，荀子则认为心是通过不同的感官分别与有关的对象接触，所谓‘缘耳而知声’、‘缘目而知形’、‘必将待天官之当簿其类然后可’。而感官与心相比，前者受令而不能自行，是被动地为心支配；后者为‘形之君’，‘居中虚以治五官’，则是积极主动的。荀子在物感而后知的基础上，强调了心、理性的作用，对以后有关审美主体和主客体关系的理解，产生了积极影响。”（《中国古典美学举要》于民语）

美感的共同性决定了美的事物的客观性，使得人类能够共同生存，互相交融，共同创造美好的世界，共同享受生活的情趣。

当然，由于后天的个人的生活经历不同，体验各异，修养有别，个性气质的多样，也就形成了审美趣向的差异性。这种差异性与共同性并不矛盾，也不冲突，相反，正是这种个人美感的差异，丰富了人类共同美感的内涵。

五十步笑百步

梁惠王曰："寡人之于国也，尽心焉耳矣。河内凶，则移其民于河东[①]，移其粟于河内。河东凶亦然。察邻国之政，无如寡人之用心者。邻国之民不加少[②]，寡人之民不加多，何也？"

孟子对曰："王好战，请以战喻。填然鼓之，兵刃既接，弃甲曳兵而走[③]。或百步而后止，或五十步而后止。以五十步笑百步，则何如？"

曰："不可。直不百步耳[④]，是亦走也。"

（节选自《梁惠王上》）

【注释】

①河内：黄河的北岸，在今河南省济源县一带。河东：指魏国的河东地，在今山西省安邑县一带。凶：歉收，饥荒。

②加少：减少。

③兵：兵器。走：快跑叫走，这里指逃跑。

④直：只是，只不过。

【译文】

梁惠王说："我对于国事总算是尽心竭力了。河内遭了饥荒，就向河东移民，还把河东的粮食运到河内去救济。如果河东闹了灾荒，也是同样处理。我曾经考察过邻国的政务，没有哪个国家像我这样操心的。然而邻国的百姓并没有减少，我的百姓也没有增多，这到底为什么呢？"

孟子回答说："大王好战，请让我用战争来说明吧。一旦战鼓咚咚敲起，短兵相接，战斗打响，这时有人丢盔弃甲，拖着兵器，向战场外逃去。其中，有的逃离了一百步才停止，有的逃离了五十步就站住了。逃离五十步的来耻笑逃离一百步的，这样可以吗？"

梁惠王说："不可以。只不过没有逃到一百步而已，五十步也是逃啊！"

扩展阅读

典故的妙用

臣亦以谓等是取利，不许取三分，而许取二分，此孟子所谓以五十步笑百步者。以臣愚见，必欲使天下晓然知取利非朝廷本意，则乞除去二分之息，但只令纳元数本钱，如此始是不取利矣。

（宋　欧阳修《上神宗论青苗》）

【译文】

臣下也认为这是为了取利，不许取三分利，而却可以取二分利，这就是孟子所说的以五十步笑百步而已。以臣下愚见，一定想让天下百姓知道这次取利并非朝廷本意，那么祈求除去这二分利息，只让贷者按原数本钱还清。如此才是不取利呢。

点 评

孟子反对当时的兼并战争，主张施行仁政，虽然梁惠王自诩在救济灾民方面比邻国做得好些，但他好战的习性，是孟子极为不满的。所以孟子编了这个五十步笑百步的战场寓言，讽刺梁惠王在仁政上并没有做到家。

五十步笑百步的寓言本身，也透露了这样的信息，即在不同的表象中，要透过现象看到内在的本质，不能以错误程度的轻重不同掩饰错误本质上的相同。

宋神宗时，王安石推行青苗钱，在青黄不接时政府放贷，过了季后还钱，利息二分。此名为济民，实有敛财之嫌，朝野议论。时为青州知州的欧阳修上奏陈情，亦有意揭示非但三分利不妥，二分利也不该的实质。他巧用了孟子“以五十步笑百步”的典故，使奏疏言简意赅，主旨分明，起到了比论辩更为锋利的作用。

祸福无不自求

孟子曰："仁则荣，不仁则辱；今恶辱而居不仁，是犹恶湿而居下也。如恶之，莫如贵德而尊士，贤者在位，能者在职；国家闲暇[①]，及是时，明其政刑[②]。虽大国，必畏之矣。《诗》云：'迨天之未阴雨，彻彼桑土，绸缪牖户。今此下民，或敢侮予[③]？'孔子曰：'为此诗者，其知道乎！能治其国家，谁敢侮之？'今国家闲暇，及是时，般乐怠敖[④]，是自求祸也。祸福无不自己求之者。《诗》云：'永言配命，自求多福[⑤]。'《太甲》曰：'天作孽，犹可违；自作孽，不可活[⑥]。'此之谓也。"

（节选自《公孙丑上》）

【注释】

①闲暇：指国家安定，无内忧外患。

②明其政刑：修明政治法律。

③《诗》云六句：见《诗经·豳风·鸱鸮》第二章。彻彼桑土，揭下桑树根上的皮。土（dù），根。绸缪，缠结的意思。

④般（pán）：乐。　怠：懒惰。　敖：同"遨"，出游。

⑤《诗》云二句：见《诗经·大雅·文王》。永言，永远。

"言"为助词，无义。配命，配合天命。

⑥《太甲》曰五句：太甲，《尚书》篇名，今文与古文都不传，今日《尚书》中的上中下三篇为梅赜的伪古文。孽，罪过，祸端。违，躲避。活，生存。《礼记·缁衣》引作"逭"，郑玄注解为"逃"。

【译文】

孟子说："那些当权者如果实行仁义就会得到荣耀；如果搞不仁不义就会遭受屈辱。如今有些人非常厌恶屈辱，但仍然做不仁不义的事，这就好比一方面厌恶潮湿的环境，一方面又住在低洼的地方不走。如果确实厌恶屈辱，最好的办法是重视道德的修养和尊敬有才德的士人，让贤惠的人和有才能的人都有施展本领的职位；趁着国家安定而无内忧外患的时候，赶紧修明政治律法，那么，即使周围的大国也要畏惧三分，不敢作非分之想。《诗经》里说：‘趁着还没有阴天下雨，快在桑树根上剥些皮，巢儿的门窗都得修理。下边住的人们啊，看谁敢把我们欺！’孔子说：‘作这首诗的人，是一个懂得大道理的人吧！能够治理好自己的国家，谁还敢欺负他呢？’如今国家平安无事，在这个时候，只顾闲散安逸，游玩娱乐，这是自找祸害。无论是祸还是福，都是自己找来的。《诗经》里还说：‘要永远和天命相配合，自己去寻求更多的幸福。’《太甲》中也说过：‘天降的灾害，还可以躲避；自己造的罪孽，谁也逃不脱。’正是讲的这个意思。”

扩展阅读

祸福无门，惟人所召

《易》曰：“积善之家，必有余庆。积不善之家，必有余殃[①]。”语曰：“祸福无门，惟人所召[②]。”故知人之为善为恶乃得福得祸之本，其不顺应者，幸不幸耳。

（清　黄宗羲《明儒学案》）

【注释】

①见《周易·坤·文言》。

②语出《春秋左传》襄公二十三年。

【译文】

《周易》说：“积功累德的家庭，必然有后福延及子孙；积恶累仇的家庭，必然有遗患殃及后代。”古语说：“灾祸与福庆并非择家找人，都是人们自身的行为所招致。”由此可知，人们做善事、做恶事才是得福庆、得祸殃的本源，其中或有不相应的，不过是幸运与不幸运罢了。

点评

孟子为了让人们，特别是执政者，讲仁义、做仁人、施仁政，又从荣辱祸福的角度加以论述。孟子指出“仁则荣，不仁则辱”，并进一步指出如何实行仁政，即要“贵德尊士”，让“贤者在位，能者在职”，在国家尚未出现祸乱前，就要未雨绸缪，“明其政刑”，使政治清明，法典完备。这些论说，至今仍有借鉴意义。

在论述产生荣辱祸福的主客观关系上，孟子特别强调了主观因素，说出了“祸福无不自己求之”的精辟之言，并借《尚书·太甲》之语，说明了“自作孽，不可活”的严重后果。这些话历来被人们传诵，被人们使用，一直活在文学作品和口头语言中。人们在传诵这些警言的同时，也创造了新的类似的鲜活语言，如“咎由自取”、“种瓜得瓜，种豆得豆”等。

《左传》、《孟子》等书所记载的祸福之论，都是社会生活的真实体验，也是万事万物因果转化的必然结果。为善必得善，为恶必得恶，丝毫不爽，分文不差，不存在顺应不顺应的问题。黄宗羲讲的“不顺应者”，大概讲的是善恶福祸转化时间的迟速问题，其实俗语“不是不报，时辰未到”已经说得相当肯切，本不存在“幸不幸”的问题。

类似格言还有：“祸与福邻，莫知其门。”（《荀子·大略》）“祸之来也，人自生之；福之来也，人自成之。祸与福同门，利与害为邻。”（《淮南子·人间训》）愿与大家共勉。

有恒产者有恒心

滕文公问为国。

孟子曰："民事不可缓也。《诗》云：'昼而于茅，宵尔索绹；亟其乘屋，其始播百谷[①]。'民之为道也，有恒产者有恒心[②]，无恒产者无恒心。苟无恒心，放辟邪侈[③]，无不为已。及陷乎罪，然后从而刑之，是罔民也[④]。焉有仁人在位罔民而可为也？是故贤君必恭俭礼下，取于民有制。阳虎曰[⑤]：'为富不仁矣，为仁不富矣。'……"

（节选自《滕文公上》）

【注释】

①《诗》云五句：见《诗经·幽风·七月》第七章。于茅：前往割草。索绹（táo）：搓绳子。亟：急。乘屋：修屋。

②恒产：固定的产业。恒心：有一定的道德观念和行为准则的规矩人。

③放辟邪侈：放荡、任性、乱为、奢侈。

④罔民：陷害百姓。

⑤阳虎：又名阳货，鲁国正卿季氏的家臣，曾经一度挟持季氏而专鲁国的国政，后因失败而流亡。

【译文】

滕文公询问治理国家的问题。

孟子说："百姓的事不可拖延。《诗经》里说：'白天外出打茅草，夜晚在家搓绳索，赶紧修缮坏房屋，时令一到播五谷。'百姓的基本情况是：有固定产业的人才有稳定的情绪和安分守己的心思，没有固定产业的人就没有稳定的情绪和安分守己的心思。假若没有遵纪守法、安分守己的常人之心，就会放荡任性，胡作非为，什么事都干得出来。等到他们犯了罪，然后给予惩办判刑，这是陷害百姓啊。哪有仁爱的人却在执政中做出陷害百姓的事情呢？所以贤明的君王一定要谨慎办事，节俭开支，以礼待人，特别是征收百姓的赋税要有一定的制度。阳虎说过：'要发财致富便不能仁爱，要仁爱便不能发财致富。'……"

扩展阅读

周民有常心

"若民则无恒产，因无恒心"①，孟子言战国之民也。周之盛时，以井牧授田②，以乡遂设教③。"攸介攸止，烝我髦士"④，士亦田野之秀民也。不惟士有常心，民亦有常心矣。故曰："文武兴而民好善⑤。"

（宋　王应麟《困学纪闻》）

【注释】

①见《孟子·梁惠王上》。若：至于。则：假若。

②井牧：指按土地状况划分田地，或为井田，或为牧地，分给百姓耕牧，并收一定赋税。

③乡遂：按周朝制度，王畿郊内设置六乡，郊外设置六遂。遂，可泛指都城之外的地区。

④攸介攸止，烝（zhēng）我髦（máo）士：见《诗经·小

雅·甫田》。甫田，大田，公田。攸，语助词。介、止，休息。烝，进，召集。髦士，俊才之人，指田官。

⑤见《孟子·告子上》。

【译文】

“至于一般人，若没有一定的产业，因而便没有一定的品行”，这里，孟子说的是战国时代的情况。在周朝兴盛时期，那时用井牧法分给百姓田地，在都城内外设立学校。《诗经》说“周王在田间休息，招呼管理农务的俊士”，其士也就是田地里的优秀农民啊。那时不只是士有常心，民也有常心啊。所以说：“周文王和周武王兴立，百姓就趋向善良。”

点 评

这段文字讲了两个问题，一是恒产恒心，二是为富不仁，都值得我们细心品味。

“有恒产者有恒心，无恒产者无恒心。”这是孟子对当时有固定产业的与没有固定产业的两部分群众经济状态状况的分析。他看到了有家业的百姓多是安居乐业、遵纪守法的，而无业游民及破产百姓多是百无聊赖，什么事情都有可能做出来的。也正是出于这种分析，孟子提出了当权者要自我约束，赋税要有节制，其目的就是富民，让更多的人有恒产。显然，孟子的动机是好的，对恒产恒心的分析判断也是正确的。

“为富不仁，为仁不富”，这不是孟子的话，而是孟子借阳虎的话去告诫当权者们：“你们一心想着发财致富，必然要增加百姓赋税，这怎么能对百姓讲仁爱呢？要讲仁爱，便不能盘算着发财致富。”这不是讲发财与仁爱二者的因果关系问题，而是讲当权者面对推行仁爱与寻求个人发财致富，在二者之间孰为先、孰为重、孰为本的认识问题和态度问题。

正是由于孟子引用了阳虎的这句话，而使得这句话成为了流传至今的名言。不过，当人们使用这句名言成语时，已经不再是孟子当初引用的本意了，而是纯粹就发财与仁义两者因果关系来说的。

然而，从带有普遍意义的因果关系上讲这句话是不科学的，不能成立的。试想，发财致富的人何以一定是不讲仁义的人？反之，讲究仁义的人难道就不能发财致富吗？显然，在一般情况下，这句话的含义是片面的、不准确的。但针对特殊的人还是可用的，例如指着奸商骂道："为富不仁!"

王应麟读书，非常精到深入。如读《孟子》恒产恒心的论述，不仅关注其论点论据，还特别注意到了时代背景。他指出：孟子所言针对的是"战国之民"，若论"周之盛时"，"不惟士有常心，民亦有常心"。由此，我们也看到了他的博学。

听其言，观其眸

孟子曰："存乎人者[①]，莫良于眸子[②]。眸子不能掩其恶。胸中正，则眸子瞭焉；胸中不正，则眸子眊焉[③]。听其言也，观其眸子，人焉廋哉[④]？"

（节选自《离娄上》）

【注释】

①存：察，观察。

②眸（móu）子：瞳仁，指眼睛。

③眊（mào）：模糊不清的样子。

④廋（sōu）：藏匿。

【译文】

孟子说："观察一个人，最好的办法就是观察他的眼睛，因为眼睛是不能掩饰丑恶的。心地光明正大，眼睛就会明亮；心地不光明正大，眼睛就会昏暗无光。听一个人说话的时候，注意观察他的眼神，那么他内心的善恶又能往哪里隐藏呢？"

扩展阅读

言，心声；眸子，心象

问：“孔子论观人有定规矣，而孟子乃云“听言、观眸子”者何[1]？”曰：“虽孔子视以观由察安[2]，或亦用言与眸子耳。视以观由察安，非皋陶载采采之说乎[3]？曰虽载采采，而言与眸子亦不可舍也。言，心声也；眸子，心象也。”

（明　吕柟《四书因问》）

【注释】

①听言、观眸子：即孟子“听其言也，观其眸子”之语。

②视以观由察安：即“视其所以，观其所由，察其所安”（《论语·为政》）的略称。

③皋陶：虞舜时的司法官。载采采：在某事某事上。载，在。采，事。《尚书·虞书·皋陶谟》记载了皋陶的“载采采”之说，大意是：皋陶说：“人的行为有九种美德，要说哪个人有美德，就要一一指明表现在什么事上。”

【译文】

问：“孔子论考察人已有一定的成规了，而孟子又讲‘听言语、观眸子’，这是什么意思呢？”答：“虽然孔子讲了考察人要看他的所作所为，要看他为达目的所用的手段，要看他的心情安顿在什么地方，做到这些，或许也要采用听其言语、观其眸子的方法。孔子讲的观其作为、察其手段、看其心思，不就是皋陶所说的谈论一个人德行时，总是要举证“在某事某事上”吗？虽然落实在某事某事上，而听其言语、观其眸子也不可舍去。言语，它会流露出心声；眸子，它会映照出心象。

点评

俗话说，眼睛是心灵的窗户，人的眼睛会说话。当我们面对面交谈时，眼神的变化，眼神的动态，往往反映出谈话人内心的情感变化，成为话语的翻译、话语的旁白、话语的注释，甚至可以成为无言的表白。这里说的是在心口一致、表里如一的一般情况下的作用。

当一个人出现心口不一、口是心非时，眼神却不会掩饰心灵，它流露的仍然是内心真实情感和真实态度，所以说，“眸子不能掩其恶”。眼神所以不会说假话，这是由于人的生理机能特点决定的，就像人在羞怯时会脸红一样，这种潜意识反应，一般情况下是无法控制和隐藏的。

吕柟弟子不明白，孔子既然已经有了一套观人的说法了，为什么孟子还提出听言观眸子呢？吕柟便从“言辞能够反映内心的声音，眼睛能够映照内心的动态”这一认识出发，肯定了听言观眸子的特别意义。此外，吕柟还从观人察物方法论的层次上，认为这类较为直接的手法对整体的认识有很大帮助。

在战国时代，由于兼并战争的激化，约纵连横政治斗争的炽热，出现了一批以游说为职业的说客人群；加之政治斗争、军事斗争、人才争夺的需要，这时期出现了诸如“捭阖术”、“揣摩术”等识别人的种种方法。他们不再仅仅观察眼睛，而是从语言、体貌、情态，一直到情绪、心志，无不考察，并总结出一套识别的方法。当然，这些东西对于我们一般人也就没有什么大的意义了。

人与环境

孟子谓戴不胜曰[①]："子欲子之王之善与？我明告子。有楚大夫于此，欲其子之齐语也，则使齐人傅诸？使楚人傅诸？"

曰："使齐人傅之。"

曰："一齐人傅之，众楚人咻之[②]，虽日挞而求其齐也，不可得矣；引而置之庄岳之间数年[③]，虽日挞而求其楚，亦不可得矣。子谓薛居州善士也[④]，使之居于王所。在于王所者，长幼卑尊皆薛居州也，王谁与为不善？在王所者，长幼卑尊皆非薛居州也，王谁与为善？一薛居州，独如宋王何？"

（节选自《滕文公下》）

【注释】

①戴不胜：宋国之臣。

②咻（xiū）：喧哗。

③庄岳：齐国的街里之名。庄：街名。岳：里名。

④薛居州：宋国之臣。

【译文】

孟子对戴不胜说："你想要你的君王向善吗？我可以明白地告诉你。比方这里有一位楚国的大夫，想让他的儿子会说齐国话，那么，是找齐国人来教他呢，还是找楚国人来教他？”

戴不胜说：“找齐国人来教他。”

孟子说：“一个齐国人来教他，许多楚国人喧哗干扰他，即使每天用鞭子抽打他，逼他学会齐国话，也是办不到的。如果把他领到齐国的闹市庄岳住上几年，即使每天用鞭子抽打他，逼他说楚国话，也同样是很难办到的。你认为薛居州是善人，所以让他住在王宫里。如果住在王宫里的人们，无论年纪大小、地位高低，都是薛居州式的善人，那么，君王同谁一起干坏事呢？如果住在王宫里的人们，无论年纪大小、地位高低，都不是薛居州式的善人，那么，君王和谁一起行善呢？一个薛居州能把宋王怎么样呢？”

扩展阅读

居必择乡，游必就士

蓬生麻中，不扶而直。白沙在涅，与之俱黑。兰槐之根是为芷[①]，其渐之滫[②]，君子不近，庶人不服，其质非不美也，所渐者然也。故君子居必择乡，游必就士[③]，所以防邪辟而近中正也。

（《荀子·劝学》）

【注释】

①兰槐：即白芷，一种香草。古人称它的苗为兰，称根为芷。

②其：若。　渐：浸渍，染。　滫（xiǔ）：泔水。一说尿。

③游：交游，交往。

【译文】

飞蓬生在麻地里，不用扶自然长得挺直。白色的细沙混在黑土中，也会跟它一起变黑。兰槐的根称为芷，如果把它浸泡在臭水里，君子就不再去接近它，普通人也不佩戴它，并非它的素质不好，而是被臭水熏染了的缘故。因此君子定居一定要选择好地方，外出交往一定要选择有修养的人，这是为了防止邪恶的影响，而接近于正道。

点 评

社会环境，特别是与一个人接触较密切的诸如亲戚朋友、老师、同学、玩伴、邻居等人群，对个人的影响是非常大的，是万万不可忽视的。早在古代，那些著名的政治家、哲学家、教育家们就告诫人们要重视这个问题，要正确地处理好这个问题。

除了上面介绍的孟子的论述外，又如墨子从漂染丝布，“染于苍（黑）则苍，染于黄则黄”，而感叹人与人也是互相熏染。他说“士亦有染”，如果“其友皆好仁义、淳谨畏令，则家日益（兴旺），身日安，名日荣，处官得其理矣。”反之，如果其友尽是骄矜逞强、惹是生非的人，他的家也要受到影响，就会日受损害，身遭危险，名声败坏，如果当官也会失去法理而犯错误。由此可见，慎于交友是多么重要。

在孟子之后，荀子也是非常重视人在社会环境生活中，无时无处不受到影响的问题，呼吁人们“居必择乡，游必就士”，主动远离邪恶，亲近良善，接受好的影响。

由于古代经济、交通的落后，人们的交际多是邻居的往来，所以古人对居住地的人文状况非常重视。孔子说：“里仁为美。”意思是说，居住在有仁爱道德的地方才是美好的。倘若选择了没有仁爱道德的地方居住，就是不明智的表现。成为古代美谈的“孟母三迁”，说的是，孟子的母亲为了挑选能对孟子影响良好的邻居，曾经连续搬了三次家。由此可见，邻居的好坏对一个孩子的成长有多么重要。

俗话说“近朱者赤，近墨者黑”，这是很有道理的，也是客观现实。当我们的世界观、人生观还十分稚嫩的时候，当我们年幼少知、缺乏社会生活经验的时候，我们应该多听听古训，不去那些乌七八糟的地方，不接触那些品质低下的人。

君臣关系

孟子告齐宣王曰："君之视臣如手足，则臣视君如腹心；君之视臣如犬马，则臣视君如国人；君之视臣如土芥，则臣视君如寇雠。"

（节选自《离娄下》）

【译文】

孟子告诉齐宣王说："君主若把臣下看成是自己的手足，那臣下就会把君主看成是自己的腹心；君主若把臣下看成是自己的狗马，那臣下就会把君主看成是普通人；君主若把臣下看成是尘土草芥，那臣下就会把君主看成是仇敌。”

扩展阅读

应答如流

宋高宗问尹焞曰[①]：“纣亦君也，孟子何以谓之‘一夫’？”焞对曰：“此非孟子之言，武王誓师之辞也：‘独夫受洪惟作威’[②]。”高宗又问曰：“君视臣如土芥，臣便可视君如寇雠[③]？”焞对曰：“此亦非孟子之言。《书》云：‘抚我则后，虐我则雠[④]。’”高宗大喜。呜呼，儒者对君之言，从容中道[⑤]，若此，所养可知矣[⑥]！

（明　杨慎《升菴集·尹和靖对高宗》）

【注释】

①尹焞：字彦明，赐号和靖处士。宋代理学家程颐的门人。有《论语解》《和靖集》等。

②见《尚书·周书·泰誓下》。此句谓这个失道寡助的独夫，大搞作威作福。

③即指《孟子》：“君之视臣如土芥，则臣视君如寇雠。”

④见《尚书·周书·泰誓下》。较完整文字是：“古人有言曰：抚我则后，虐我则雠，独夫受洪惟作威，乃汝世雠。”几句谓：“曾经听古人说：民心无常，抚恤我则拥戴为君主，虐害我则视为仇人。如今纣作威作福而大杀无辜，这是与一世之人为仇。”这段文字，被后代学者视为《孟子》“君之视臣如手足”章的本源。

⑤中道：合乎义理。

⑥养：学养，学问心得。

【译文】

宋高宗问尹焞："商纣王也是一位君主，孟子为什么称他是'一夫'呢?"尹焞回答说："这不是孟子的言辞，而是周武王伐纣誓师大会的誓词，其中有'这个失道寡助的独夫作威作福虐害民众'之言。"宋高宗又问道："他说的'君主若把臣子看作土块草芥，那么臣子便可以把君主视为敌人'对吗?"尹焞回答说："此话也不是孟子说的。《尚书》说：'抚恤我则拥戴为君主，虐害我则视为仇人。'"宋高宗听了非常高兴。可叹啊，一个儒生面对国君的答问中，能够如此从容自如，且又合乎义理，其学养的淳厚可想而知了。

点 评

孟子对君臣关系的认识和主张，与孔子所讲的"君君，臣臣，父父，子子"、"君使臣以礼，臣事君以忠"，基本是一致的。他们把君与臣看作是各有自己的地位、使命、职责，而又相辅而成的上下级关系。他们主张君与臣在人格上是平等的，君主使用臣下要受礼义的约束，而臣下事奉君主要尽忠心；君主可以把臣下看成是自己的左膀右臂，而臣下同样可以把君主看成是自己的心腹。而到了汉代，为了适应大一统政治的要求，董仲舒提出了"君为臣纲，父为子纲，夫为妻纲"的三纲准则。"君为臣纲"的提出，把君主推到了至高无上的地位，把君臣关系变成了绝对命令与绝对服从的关系。而后君主的专权专制愈演愈烈，臣下完全成为会说话的工具。这种封建专制一直延续到清末，而封建专制思想的残余至今未能完全肃清。

选录"应答如流"节介绍给大家，意图有二：一是指出孟文的渊源，说明古代一切学术思想无不有着千丝万缕的联系。二是展现古代学子通贯经典的风貌，说明读书不到烂熟于胸的地步，不可能应答如流、八面圆通。

嫂溺援之以手

淳于髡曰[①]："男女授受不亲，礼与？"

孟子曰："礼也。"

曰："嫂溺，则援之以手乎？"

曰："嫂溺不援，是豺狼也。男女授受不亲，礼也；嫂溺，援之以手者，权也[②]。"

曰："今天下溺矣，夫子之不援，何也？"

曰："天下溺，援之以道；嫂溺，援之以手；子欲手援天下乎？"

（节选自《离娄上》）

【注释】

①淳于髡（kūn）：齐国辩士。

②权：称锤。称锤可以权衡事物的轻重，这里指变通。

【译文】

淳于髡问："男女之间不能亲手传递东西，这是礼的要求吗？"

孟子答："是礼的要求。"

淳于髡问："如果嫂子掉进水里，那么可以用手拉她吗？"

孟子答："嫂子落水不去拉，这简直是豺狼。男女之间不亲手接送东西，这是遵守礼制；嫂子落水用手去拉，这是变通的做法。”

淳于髡问：“当今天下的人都掉进水里，您不去救援，这又是为什么呢？”

孟子答：“天下的人都掉进水里，这要用‘道’去救援；嫂子掉进水里，才用手去救她。难道你要我用手去救援天下的人吗？”

扩展阅读

经、权之辨

曰：“考亭云[①]：‘经者万世常行之道，权者不得已而用之，须是合义。’又曰：‘权者不得已而用之，大概不可用之时多。’何如？”

曰：“斯言愈远。夫谓经乃常行之道，权则不得已而用之，是谓衡乃常用之物，锤则不得已而用之者也[②]。谓权之于事不可用之时多，是谓锤之于称不可用之时多也，而可乎？且义即是经，不合义便是拂经[③]，拂经便不是权，非经之外别有所谓义，别有所谓权也。”

“又云：‘经自是经，权自是权，但汉儒‘权变’‘权术’之说非圣人之所谓权尔。’何如？”

曰：“权自是权，固也，然不离经也；经自是经，固也，然非权不能行也。彼汉儒‘权变’‘权术’之说乃是无衡之锤，无所取中，故其旁行也，流亦任其诡窃而已[④]，何可以为权也？”

“又云：‘汉儒反经合道之语，却说得经、权二字分晓，但说权，遂谓之反经，一向流于变诈为权则非矣’何如？”

曰：“经是何物？道是何物？既曰反经，安能合道？既曰合道，何谓反经？若曰反经可以合道，是谓背其星子而可以得其分两也[⑤]。有是理乎？其说经、权二字，非惟原无分晓，纵使其不流于变诈，亦自不是权也。”

曰："子必以称、锤为言，何也？"

曰："其本义如此，而圣人取用之意本是如此，不然则不可以为称之锤，亦不可以为道之权矣。盖经乃有定之权，权乃无定之经，无定也而以求其定，其定乃为正也。"

（明　高拱《问辨录》）

【注释】

①考亭：在今福建建阳西南，原叫望考亭，简称考亭。朱熹晚年居此，建沧州精舍。后宋理宗崇祀朱熹，赐名考亭书院，故后人因以考亭称朱熹。

②衡：指秤杆，秤。锤：指秤砣，秤锤。

③拂：违背。

④流：发展，流弊。诡窃：欺诈窃夺。

⑤星子：秤杆上的花星，作为计量的标志。分两：分量，重量。

【译文】

问："朱熹说：'经是万世常行的道，权则是不得已才用的，但要符合义理。'又说：'权宜之法不得已才用它，大概不可用的时候多。'这话如何？"

答："这话说得太远了。他认为经是常行的道，权则是不得已才用的，照此说来，秤杆是常用的东西，秤砣则是不得已才用的东西了。认为权对于事不可用的时候多，也就是说秤砣对于秤不可用的时候多了，这样说可以吗？况且义理就是经，不合义理就是违背经，违背经便不再是权，非经之外别有一个所谓的义，别有一个所谓的权。"

"他还说：'经自是经，权自是权，但汉代儒者权变、权术的说法，这并非是圣人所谓的权。'这话如何？"

答："权自是权，原本如此，然而不曾离开经；经自是经，然而离开权不能实行。那些汉儒们倡导的权变、权术之说，只是没有秤杆的秤砣，不能取中，所以走偏路径，其流弊更是陷入欺诈窃夺中，这哪里可以称作权呢？”

“他又说：‘汉代儒者的反经合道之语，却是说得经、权二字分明，但是说到权就称为反经，一向流于变诈为权，则不对了。’这话如何？”

答：“经是什么？道是什么？既然说了反经，又怎能合道？既然说了合道，又如何反经？如果说反经可以合道，那么也可以说脱离秤杆上的花星也可以知道分量了，有这种道理吗？汉儒说的经、权二字，非但原无分明，纵使不流于变诈，原本也不是权。”

问：“您每每拿秤杆秤砣说事，为什么呢？”

答：“经、权的本意如此，而圣人取用之意也是如此，不然则不可称为秤砣，也不可把它比作道之权了。经有一定之权，而权无一定之经，无一定之权而求其一定之规，这一定之规一定是正义的了。”

点评

“嫂溺援之以手”这段文字用一个小事件引出一个大事件，小事件与大事件说得都很精辟，耐人寻味。先说小事件吧。嫂子落水怎么办？对于礼法来说，普通男女不能有肌肤的接触，用手去拉，也就犯了“男女授受不亲”的规定；如果不用手拉，情况紧迫，嫂子就会溺水身亡。是性命重要，还是礼法重要？是仁爱的原则重要，还是伦理教条重要？当然人的生命更值得尊重和保护，仁爱的原则更根本，所以两害相权取其轻，只好把礼法抛在脑后，立刻救人要紧，这就是变通之法、权宜之计。

这说明了什么呢？说明了法制性的东西、原则性的东西，更不要说伦理性的东西了，在特殊的情况下，特别是在损害人的生命情况下，在执行中应当懂得变通，懂得灵活运用，不能僵化地处理问题。

再说大事件吧。天下人都落水怎么办？孟子以“嫂溺援之以手”作铺垫，作对比，一句话就回答了这个问题，即“天下溺，援之以道”。这道就是治国的根本大道，孟子理想中的仁政。

这两个问题的对比又说明了什么呢？这说明了事物之中有大事物有小事物，有大局面有小局面；法规之中有大法规有小法规；原则之中有大原则有小原则；道理之中有大道理有小道理。总的规律是，大的指导小的，小的服从大的，根据具体情况作具体分析研究，继而采取相应的政策和措施。

自从孟子提出“嫂溺则援之以手”的论题后，引出了各代学者对经、权、道相互关系的讨论。汉儒的权变、权术之说固然有一定的偏离，然而宋儒的议论也偏于僵化，如朱熹把经、权视为两途，认为“权者不得已而用之”，实际上也把“权”视为权术。本人倾向明人的观点，如刘宗周在《论语学案》中讲的“经者权之体，权者经之用，合而言之道也”的论述。又如本节所选高拱的答辩，其讲的“权不离经”、“经非权不行”，相当中肯。答辩中，始终以秤杆与秤砣关系为喻，通俗晓白。

令家室哭泣的人

齐人有一妻一妾而处室者，其良人出[①]，则必餍酒肉而后反。其妻问所与饮食者，则尽富贵也。其妻告其妾曰："良人出，则必餍酒而后反；问其与饮食者，尽富贵也，而未尝有显者来，吾将瞷良人之所之也[②]。"

蚤起，施从良人之所之[③]，遍国中无与立谈者。卒之东郭墦间，之祭者，乞其馀；不足，又顾而之他。此其为餍足之道也。

其妻归，告其妾，曰："良人者，所仰望而终身也，今若此。"与其妾讪其良人，而相泣于中庭，而良人未之知也，施施从外来[④]，骄其妻妾。

由君子观之，则人之所以求富贵利达者，其妻妾不羞也，而不相泣者，几希矣。

（节选自《离娄下》）

【注释】

①良人：古代妇人称丈夫为良，良人即丈夫。

②瞷（jiàn）：窥探。

③施（yǐ）：通"迤"，斜行。

④施施：喜悦自得的样子。

【译文】

齐国有一个人，家里有一妻一妾。那丈夫每次外出，一定要吃得酒足饭饱才回家。他的妻子问跟他一起吃喝的都是什么人，听他说尽是有钱有势的人物。他的妻子告诉他的妾说：“丈夫外出，总是吃饱喝醉后回来；问他同什么人一起吃喝，全部都是有钱有势的人物，然而从来没有见过有什么显要的人来，我打算窥探一下丈夫到底去了什么地方。”

第二天早晨起来，她便尾随丈夫，紧跟在后面行走，走遍城中，没见一个人站住同她丈夫说话的。最后走到东郊的墓地，只见他走近祭扫坟墓的人那里，乞讨一些剩余的酒

菜；没有吃够，便又东张西望，寻找别处的残羹剩饭。这便是她丈夫酒足饭饱的门道。

他的妻子回到家里，便把实情告诉了他的妾，说道："丈夫，他是我们所仰望并终身倚靠的人，现在他竟然是这样的。"说完后，两人在院子里相对哭泣，一起咒骂着她们的丈夫。此时，丈夫还不知道内情，高高兴兴地从外面回来，像往常一样在妻妾面前耍着威风。

在君子眼里看来，那些并无真才实学而靠乞讨手段升官发财的人，能够不让妻妾羞耻痛心而相哭的，恐怕极少吧！

扩展阅读

不愧屋漏

《诗》云："相在尔室，尚不愧于屋漏[①]。"故君子不动而敬，不言而信。

（《中庸》）

【注释】

①相在尔室，尚不愧于屋漏：语出《诗经·大雅·抑》。相：看。尚：上。屋漏：日光从屋顶缝隙漏入。意谓就是在隐蔽的小屋内，亦有神明之光光顾，所作所为要坦荡正大，不愧于神明。

【译文】

《诗经》说："看你所居之室，举止是否不愧于神明。"所以做一个君子，身未动而肃然起敬；口未言而能取信于人。

点评

孟子曾用“富贵不能淫，贫贱不能移，威武不能屈”来称颂大丈夫，认为这是大丈夫的本色。而在这段文字里，孟子又描绘了一个令其妻妾羞耻痛哭的小人形象。

大丈夫虽处贫贱却不改志向，而这个小人却无所事事，整天到坟地里讨人家的剩酒饭。

大丈夫不受富贵荣华的诱惑而腐蚀，而这个小人却冒充结交富贵而大摆威风。

顶天立地的大丈夫与讨吃讨喝却在妻妾面前摆谱耍威风的小人，真说得上是天壤之别。而孟子写如此小人，本意不在如此小人上，而是指向那些以各种低下手段追求富贵利达的人！那些以各种低下手段追求富贵利达的人，虽逞一时之快，得一时之利，一旦事情败坏，一旦真相大白，他们与那个让妻妾羞耻痛心、相对哭泣的小人又有什么区别呢？难道这样的人不叫人警醒吗？

孟子笔下那个天天在坟地里讨酒食、晚上回家摆阔爷的小人模样，每人都很厌烦，直盼着它销声匿迹。转而一想，所恨之处，不正是自己未了之处吗？不由得想起了明朝黄淳耀的《陶菴自监录》，他说：“不愧屋漏，大丈夫之事也。吾身心之际可愧多矣，过而不改，是尚得以为人乎！”善哉斯言！

虑患深远才能通达事理

孟子曰："人之有德慧术知者[①]，恒存乎疢疾[②]。独孤臣孽子[③]，其操心也危[④]，其虑患也深，故达[⑤]。

（节选自《尽心上》）

【注释】

①德慧术知：赵岐注："德行、智慧、道术、才智。"

②疢（chèn）疾：灾患。

③孤臣：被疏远的臣属。孽子：非嫡妻所生的庶子，地位卑贱。

④危：不安。

⑤达：指达于事理。

【译文】

孟子说："人之所以有道德、智慧、本领和知识，这是由于他们经常遭遇到灾患。那些远臣庶子，因为他们事事都要担心警惕，考虑祸患特别深远，所以才通达事理。"

扩展阅读

忧患本于仁爱

嗟夫！予尝求古仁人之心，或异二者之为[①]，何哉？不以物喜，不以己悲[2]，居庙堂之高则忧其民，处江湖之远则忧其君[3]，是进亦忧，退亦忧[4]，然则何时而乐耶？其必曰先天下之忧而忧，后天下之乐而乐乎。噫，微斯人，吾谁与归[5]？

（宋　范仲淹《岳阳楼记》）

【注释】

①二者：指前述因恶劣天气而引发的“去国怀乡、忧谗畏讥、满目萧然、感极而悲”和因清明天气而引发的“心旷神怡、宠辱偕忘、把酒临风、其喜洋洋”的两种心态。

②不以物喜，不以己悲：不因物质的丰饶而欢喜，不因个人的得失而伤悲。

③庙堂、江湖：相对成文。庙堂，指朝廷、官府，为上、为高。江湖，指民间、百姓，为下、为远。

④进、退：相对成文。进，居官。退，归隐。

⑤微斯人，吾谁与归：微：无，没有。吾谁与归：即“吾与谁归”。二句谓：没有他们，我还与谁同路呢？

【译文】

啊！我曾经探索古代那些仁人志士之心，他们或许与上述两种心态不同，为什么呢？不因物得而喜，不因己失而悲，身居朝廷高位则忧百姓，身处穷乡僻壤则忧君王，如是居官也忧，退隐也忧，那么何时才会快乐呢？他们必定会说“先天下之忧而忧，后天下之乐而乐”吧！唉，没有他们，我还能找什么人同行呢？

点评

如果从人生的遭遇来划分，大致可分为两类人。一类是有地位的，有钱财的，没有内忧外患的，生活幸福平安的；另一类是没有地位的，没有钱财的，苦难重重的，忧心忡忡的，生活在困苦忧患中的。而孟子却对后者寄予了厚望。个中的原因是什么呢？固然，孟子的仁爱之心促使他对弱者格外同情，而更根本的原因，在于孟子对后者的忧患意识的肯定。

从历史上成功人士的经历来看，也是如此。西汉史学家司马迁在《报任安书》中就作了这样的描述：周文王被拘禁而推演出《周易》；孔子受困厄而著作《春秋》；屈原被放逐才写出《离骚》；左丘明双目失明，写出了《国语》；孙子被剜去膝盖骨而编写出了兵法；吕不韦迁居蜀地，《吕览》流传于后世；韩非在秦国被捕下狱，写出了《说难》、《孤愤》；《诗》三百篇，大都是贤人圣人抒发他们内心的愤懑而作出来的。

本书节选了三则有关忧患意识的文字，可见孟子忧民、忧君、忧天下的古仁人精神。忧患意识的产生，本源于仁爱。爱己爱家，就会忧虑到个人与家庭诸多方面的问题，希望事事顺利。如果心胸够大，志气够大，他把自然赋予自己的仁爱，反馈到天下苍生上面，那么他也会把忧患扩充到天下苍生上面，犹如尧、舜、禹、汤一样，爱以天下，忧以天下，劳以天下，“人皆可以为尧舜”说的就是这个意思。当范仲淹在岳阳楼上，把自己的爱心扩充到九州大地的时候，往时个人的“去国怀乡”之悲、“心旷神怡”之喜瞬间消逝，代之以“古仁人之心”，成为“居庙堂之高则忧其民，处江湖之远则忧其君”的大爱大忧的人士。当范仲淹体验到一旦大爱扩充到天下百姓时，个人一己之私的忧不再是真忧、个人一己之私的喜不再是真喜时，必定是走上了“先天下之忧而忧，后天下之乐而乐”的古仁人之路。

登泰山而小天下

孟子曰："孔子登东山而小鲁[①]，登泰山而小天下，故观于海者难为水，游于圣人之门者难为言。观水有术，必观其澜。日月有明，容光必照焉[②]。流水之为物也，不盈科不行；君子之志于道也，不成章不达[③]。"

（节选自《尽心上》）

【注释】

①东山：杨伯峻注："当即蒙山，在今山东蒙阴县南。"

②容光：指极小的缝隙。

③成章：指事物达到一定的阶段，具有一定的规模。

【译文】

孟子说："孔子登上东山，便觉得鲁国变小了；登上泰山便觉得天下也不大了。所以对于那些看过大海的人来说，别的水流便难以吸引他了；对于那些在圣人门下游学过的人来说，别的言论便很难让他们感兴趣了。看水有方法，那就是一定要观赏它的波涛。太阳和月亮光辉明亮，多小的缝隙都能照到。流水这个东西的特点，就是不注满洼地决不前行。而君子有志于道，不达到一定的程度也就不能通达。"

扩展阅读

以诗比文

至之问“孔子东山小鲁”一节，曰：此一章如《诗》之有比兴。比者，但比之他物而不说其事之如何，兴则引物以发其意而终说破其事也。如“孔子登东山而小鲁”至“游于圣人之门难为言”，此兴也。“观水有术，必观其澜”至“容光必照焉”，此比也。“流水之为物也，不盈科不行”至“不成章不达”，此又是兴也。

（宋　辅广《童子问卷首·论六义》）

【译文】

到了问“孔子东山小鲁”一节时，先生说：此章犹如《诗经》中有比、兴的表现手法一样，但它的比只比他物而不说出事情如何，兴则引出他物以表达旨意而最终说破事情。例如“孔子登东山而小鲁”至“游于圣人之门难为言”一段是兴，“观水有术，必观其澜”至“容光必照焉”一段是比，而“流水之为物也，不盈科不行”至“不成章不达”一段是既有兴又有比。

点评

《诗大序》：“诗有六义焉：一曰风，二曰赋，三曰比，四曰兴，五曰雅，六曰颂。”通常认为风是各国的歌谣，雅是周王畿的歌曲，颂是庙堂祭祀的乐歌，是《诗经》的三种体制；赋是敷陈其事，比是指物譬喻，兴是借物起兴，是《诗经》的三种表现内容的方法。诗文同源，风格、笔法多有相通之处，如有的诗疏散如文，而有的文节奏如诗，在赋、比、兴表现手法上，更是可以通用。此文举出《孟子·尽心上》“孔子登东山而小鲁”章来展示

《孟子》散文在赋、比、兴上的运用，可供参考。

人的眼界犹如登山，攀登得越高，眼界也就更高远。“登泰山而小天下”、“无限风光在险峰”，都是一种生动而鲜活的譬喻。

人的见闻要博大精深，观看过大海的人就不会犯河伯当初短视的错误，熟知或了解学术大家的理论观点的人就不会被无端谬说所迷惑。

人的进取要有优秀的榜样，譬如取经于大海，就要学习海涛的波澜壮阔的魅力；取经于日月，就要学习它的光辉无所不照的博大精神；取经于流水，就要学习它不填满洼地不往前流的认真态度。

孟子讲登山的意义，讲观水的方法，讲日月的能力，讲流水的性格，无非是给有志于行道的君子提出努力的方向和学习的榜样，使他们修养有成，达到通达的境界。而孟子讲的“君子”、讲的“仁义之道”，与我们今天讲的成材之道并没有本质的区别，也可以作为我们的一面镜子。

尽信书则不如无书

孟子曰："尽信《书》，则不如无《书》。吾于《武成》[①]，取二三策而已矣[②]。仁人无敌于天下，以至仁伐至不仁[③]，而何其血之流杵也[④]？"

（节选自《尽心下》）

【注释】

①《武成》：《尚书》中的篇名。朱熹注："武王伐纣，归而纪事之书也。"此篇在东汉初就已亡佚，现存《武成》为

伪古文。

②策：竹简。

③至仁：指周武王。至不仁：指商纣。

④杵（chǔ）：舂米或捣衣用的木棒。

【译文】

孟子说："要是完全相信《尚书》，那么还不如没有《尚书》。我对于《武成》这一篇，只不过采取其中的二三片竹简罢了。仁人无敌于天下，以极为仁德的周武王去讨伐极不仁德的商纣王，怎么会流血多到把木棒都漂流起来了呢？"

扩展阅读

信其可信而阙其可疑

学者生于千载之下，当夫简编讹脱之馀，固不必以今之书为信，然而亦当信其可信者，而阙其可疑者，不可以汉儒所传之书，为出于帝王之手，而不敢略致疑于其间也。孟子生于战国之时，去帝王之世犹未远，而六经犹在[①]，尚且以谓"尽信书不如无书"，盖苟理之所不安，则莫可信也，况又烬于秦火[②]，烂于孔壁[③]，而增损润色于汉儒之手乎？

（宋　林之奇《尚书全解》）

【注释】

①六经：《易》、《诗》、《书》、《春秋》、《礼》、《乐》。

②烬于秦火：秦始皇采纳丞相李斯建议，除秦记、医药、卜筮、种树书外，民间所藏书籍全部焚毁，谈论《诗》、《书》者处死。

③烂于孔壁：据《汉书》载，鲁恭王扩修宫室，在破坏孔子旧宅时，发现了墙壁中藏有古文经传。

【译文】

学者生活在千年之下，处于典籍文献已经出现讹误脱漏之后，当然不必相信今天所传下来的书全是可靠的，然而也应该相信那些确实可信的，而不用那些可疑的，不可因为汉儒所传的书都是出于帝王之手，就不敢存有半点疑问了。孟子生活在战国时代，离帝王之世不太远，那时六经还在，尚且认为“尽信书不如无书”，这缘于只要道理不妥，就可能存在失信的地方，何况这些古籍又遭遇过秦始皇焚烧、在孔子旧宅壁中受过损害，再加上汉儒根据一己之见而进行的增字减字等润色加工呢？

点评

孟子在当时看过《尚书》中的《武成》一篇后，认为像周武王伐纣这件事，写成了血流漂杵，不符合情理，所以说出了“尽信《书》，则不如无《书》”这句话。这句话是有道理的，且不说坏书及水平一般的书，就是质量相当高的书，限于个人认识的局限、社会环境的局限、历史条件的局限，不可能做到资料与观点的绝对的正确，失误和错误是在所难免的，只不过有大小轻重的区别罢了。鉴于此，后人经常引用这句话，其中的“书”，不再专指《尚书》，而是泛指一般的书本了。

“尽信书不如无书”，在今天还有一层新的含义，那就是不要迷信书，不要脱离现实，不要脱离实践，而搞什么本本主义。

宋人林之奇《尚书全解》在阐述如何对待和认识典籍文献的价值时，运用了《孟子》“尽信书不如无书”的观点，提出了“信其可信者，而阙其可疑者”见解，纠正了盲目肯定与全盘否定的偏颇。

知人论世

孟子谓万章曰："一乡之善士斯友一乡之善士，一国之善士斯友一国之善士，天下之善士斯友天下之善士。以友天下之善士为未足，又尚论古之人①。颂其诗②，读③其书，不知其人，可乎？是以论其世也。是尚友也。"

（节选自《万章下》）

【注释】

①尚：同"上"。

②颂：同"诵"，朗读。

③读：此处有研讨的含义。

【译文】

孟子对万章说："一乡的优秀人物便和他那一乡的优秀人物交朋友，一国的优秀人物便和他那一国的优秀人物交朋友，天下的优秀人物便和天下的优秀人物交朋友。觉得和天下的优秀人物交朋友还不够，便又上溯论述古代人物。吟诵他们的诗歌，解读他们的著作，不知道他们的为人可以吗？所以要探讨他们所处的时代。这就是跟古人交朋友。"

扩展阅读

不知古人之世，不可妄论古人文辞

不知古人之世，不可妄论古人文辞也。知其世矣，不知古人之身处，亦不可以遽论其文也[①]。身之所处，固有荣辱隐显、屈伸忧乐之不齐[②]，而言之有所为而言者[③]，虽有子不知夫子之所谓[④]，况生千古以后乎？

（清　章学诚《文史通义·文德》）

【注释】

①以上五句，正是阐述《孟子》“以友天下之善士为未足，又尚论古之人，颂其诗，读其书，不知其人，可乎？是以论其世也。是尚友也。”主旨。焦循《孟子正义》解释说：“按古人各生一时，则其言各有其当；惟论其世，乃不执泥其言，亦不鄙弃其言，斯为能上友古人。”

②不齐：不等，不一样。

③有所为而言：即言中有言、言外之意。

④有子：有若，孔子弟子，小孔子十三岁。

【译文】

不知道古时的世情，不可以妄论古人的文辞。知道世情了，而不知道古人的身世处境，也不可以轻易地论述他的文章。身家所处，原本就有荣耀与屈辱、显赫与隐伏、或屈或伸、或忧或乐等的不同，而言中有言的言外之意，就是有若也未必知道孔子的本意，更何况生于千年之后的人呢？

点评

这段是讲交友的。先秦儒家都十分重视交友问题，孔子讲“吾日三省吾身”，其中一条就是反省自己“与朋友交而不信乎？”(《论语·学而》)孔子还把“朋友信之”与“老者安之”、“少者怀之”(《论语·公冶长》)同列为自己的三大志向之一；还提出了“以文会友，以友辅仁”(《论语·颜渊》)的交友原则。这里，孟子又讲了善士之间要交好朋友，要互相学习；如果还嫌不足的话，可以和古人交朋友，通过吟诵他们的诗，研读他们的书与他们沟通交流。由于古人已逝，要“知其人”，就要“论其世”，全面了解作品所处的时代背景和作者的身世及其社会关系，这样才能真正地理解古人这个朋友，从中获得有益的东西。

怎样和古人交友？由此，孟子提出了“知人论世”的交友之道。当然，知人论世不仅是交友之道，也是诵诗读书的方法和原则。

清代学者章学诚深谙孟子知人论世之旨，懂得它在治学中的重要价值和作用，所以在自己的著作中予以发明。我们明白了“知人论世”的道理，也就掌握了活读古书的方法，加之“以意逆志”去分析理解，古代传统文化之精华，就不难把握、吸收了。